ANTE CILIGA
La Yougoslavie

ANTE CILIGA, La Yougoslavie

© 2020 by CEEOLPRESS

Originally published in French in 1951 by Les Iles d'or
Published in 2020 by CEEOLPRESS, Frankfurt am Main, Germany

Digitization and Typesetting: CEEOL GmbH, Frankfurt am Main
Layout: Alexander Neroslavsky

e-ISBN: 978-3-946993-12-4
ISBN: 978-3-946993-63-6

ANTE CILIGA
Ancien membre du Politburo
du Parti Communiste Yougoslave

LA
YOUGOSLAVIE

SOUS LA MENACE
INTÉRIEURE ET EXTÉRIEURE

2020

TABLE DES MATIÈRES

AVANT-PROPOS

Le conflit Tito-Moscou a ouvert à la fois une page nouvelle de l'histoire yougoslave et un chapitre nouveau dans l'évolution du communisme.

Depuis le 27 juin 1948, date à laquelle la radio de Prague annonça la fameuse résolution du Kominform, qui énumérait les «erreurs» et les «déviations» de Tito à l'égard de l'orthodoxie communiste, le monde, divisé par le rideau de fer, a été unanime à attendre une attaque «éclair» des Soviets contre le «traître» hérétique.

Les événements n'ont pas encore répondu à l'attente. Cette constatation a dû montrer aux peuples de l'autre côté du rideau de fer que Staline n'est pas le tout-puissant qu'il veut paraître. Cependant les Occidentaux ne devraient pas en tirer un sentiment fallacieux de sécurité. Avec sa mentalité tortueuse et calculatrice, Staline n'est pas sujet aux impatiences hystériques de ce grand dilettante qu'était Hitler. Il n'a certainement pas renoncé à infliger une punition exemplaire à l'hérétique. Si déjà le communisme de Lénine tolérait mal toute opinion divergente, le communisme de Staline n'admet même pas l'existence physique du dissident. Cet égocentrisme moscovite amènera sans doute, un jour, la ruine des aspirations à la domination mondiale du bolchevisme. Il est cependant devenu une des conditions de son existence, lui assurant pour le moment l'obéissance dans le camp révolutionnaire, au lieu de provoquer des protestations et des rébellions.

Le schisme de Tito a été la première brèche ouverte avec succès dans le système. Le dangereux exemple de cette première volte-face donne une importance mondiale à ce petit fait local et oblige Staline à chercher à l'extirper jusque dans sa racine. Aussi Staline a-t-il poussé ses préparatifs militaires et son offensive politique contre la Yougoslavie jusqu'au seuil de la guerre. Et s'il croit voir, à un moment, la possibilité de localiser cette guerre dans le seul secteur danubien-balkanique, il n'y a pas de doute qu'il l'entreprendra.

Au début de la guerre de Corée, l'état d'âme dans lequel se trouvait l'Europe lui paraissait encourageant. Encore, l'hiver dernier, les nouvelles de source yougoslave annonçaient le transfert de Belgrade en Bosnie des archives de l'État, ainsi que la réorganisation d'une partie de l'armée yougoslave en groupes de cinquante hommes destinés à la guerre de guérillas; c'est aussi de cette époque que date la déclaration de Tito spécifiant qu'en cas d'une attaque massive contre son pays il abandonnerait la plaine danubienne, et même Belgrade, difficilement défendables, pour se retirer en Bosnie afin d'y reprendre la guerre de partisans.

Ce fut un instant extrêmement critique. Mais la résolution américaine de combattre en Corée et l'intérêt des États-Unis et de la Grande-Bretagne pour le sort de la Yougoslavie vinrent faire pencher la balance de l'autre côté.

Cependant, toutes les déclarations des gouvernements du Pacte Atlantique, y compris des États-Unis, au sujet de la menace russe contre la Yougoslavie renferment tant et tellement d'imprécisions et de réticences qu'il faut s'attendre à ce que la menace soviétique sur les Balkans continue.

Un autre élément complique cette fois-ci les choses au détriment de la Russie: faire attaquer la Yougoslavie de Tito par la Bulgarie, la Roumanie et la Hongrie n'est pas la même chose, du point de vue des conceptions politiques et de la tactique des communistes, que d'attaquer la Corée du Sud en utilisant la Corée du Nord. Provoquer dans un pays une guerre civile est une chose; provoquer une guerre entre pays différents et, qui plus est, entre des nations qui, comme c'est le cas dans les Balkans, sont traditionnellement antagonistes, en est une autre.

Pour empêcher que cette guerre, aux yeux des Serbes, ne revête le caractère d'une guerre nationale contre les Bulgares et les Hongrois — ce qui renforcerait considérablement la position morale de Tito — Staline aurait à faire intervenir, sous une forme ou sous une autre, des forces russes importantes, en donnant ainsi à leur intervention la signification d'une grande action communiste panslave contre un petit pays slave hérétique. D'autre part, une intervention directe de la Russie augmenterait le risque d'une guerre mondiale que Staline préfère, paraît-il, éviter pour le moment.

Mais, en dehors de son aspect international, la situation de la Yougoslavie comporte un aspect intérieur très particulier, c'est celui qui concerne les antagonismes nationaux et religieux entre les divers peuples de la Yougoslavie. C'est là une chose fort mal connue et difficilement compréhensible pour les étrangers; elle n'en a pas moins une importance de premier ordre lorsqu'il s'agit d'estimer la capacité de résistance de la Yougoslavie à une agression soviétique, ou à un coup d'État kominformiste. Il s'agit de savoir si Tito a réussi à surmonter et à faire disparaître les vieilles rivalités, les anciennes divisions entre les différents Slaves des Balkans, ou si, au contraire, son régime ne représente qu'une nouvelle phase de leurs luttes, aussi sanglantes que stériles.

Les amis et les ennemis de Tito ne cessent de se demander: «Quelle est la signification et quelles sont les perspectives de la révolte de Tito contre Moscou?» Les réponses habituelles nous semblent quelque peu superficielles.

A l'instar de tous les autres pays se trouvant derrière le rideau de fer — dont l'économie est relativement primitive et principalement agricole, à l'exception de la Tchécoslovaquie — le communisme yougoslave a pour base le plan d'industrialisation intensive du pays. Contrairement à l'exemple des pays occidentaux, dont l'industrialisation s'est faite au moyen des capitaux et des entreprises privés, celle de ces pays se poursuit par le système du capitalisme d'État dans une économie collectivisée, dirigée par une bureaucratie totalitaire, issue des organisations du Parti Communiste et des syndicats ouvriers.

Le caractère distinct du communisme yougoslave et sa révolte contre Moscou sont dus à deux causes principales, d'ordre local, particulièrement yougoslaves.

1° A la différence de tous les autres satellites européens du Kremlin, les communistes yougoslaves ont conquis le pouvoir presque entièrement de leurs propres forces.

2° Ces satellites de Moscou sont des États composés presque entièrement d'un seul peuple, tandis que la Yougoslavie est un État multinational englobant cinq peuples slavo-balkaniques, sans compter ses minorités nationales. D'autre part, les Bulgares et les Albanais, voisins de la Yougoslavie, sont en quelque sorte organiquement impliqués dans les luttes intérieures yougoslaves: les premiers à cause de la Macédoine; les seconds à cause de la région Kossovo-Metohia.

Les nombreux peuples yougoslaves et balkaniques n'ont pas encore trouvé la formule politique susceptible d'équilibrer et d'harmoniser pacifiquement leurs intérêts communs. Ces peuples, groupés approximativement en deux blocs, l'un, celui des Serbes, des Monténégrins et des Slovènes, et l'autre, celui des Croates, des Macédoniens, des Bulgares et des Albanais, ne cessent de se combattre depuis la disparition des vieux Empires (ottoman et des Habsbourg), disparition qui a imposé un nouveau regroupement, une nouvelle constellation des États et des peuples dans les Balkans.

Cette lutte est à l'origine de toutes les convulsions surprenantes et tragiques de l'ancienne et de la nouvelle Yougoslavie.

Le conflit avec Moscou aussi est, à notre sens, en premier-lieu, dominé par les luttes et les rivalités locales entre les peuples yougoslaves et, en second lieu, par le différend entre l'État yougoslave et l'État soviétique, entre l'orthodoxie et l'hérésie communistes, d'où la possibilité de volte-face inattendues contre Tito lui-même.

Contrairement aux affirmations de Moscou et de Belgrade, il ne faut pas chercher la cause essentielle de la tourmente des peuples yougoslaves dans les controverses théoriques des doctrines socialiste, marxiste et léniniste, mais surtout dans les âpres luttes mutuelles des peuples slavo-balkaniques. L'occidentalisme traditionnel des Croates, des Slovènes et, en partie, des Monténégrins, qui, à l'exception de ces derniers, sont de formation catholique, tous en contact depuis des siècles, à travers l'Adriatique et Vienne, avec le monde occidental d'une part, et, d'autre part, l'orientalisme d'origine byzantine, tout autant traditionnel, des

Serbes, des Bulgares et des Macédoniens, vivant au centre et à l'est de la Péninsule balkanique, rendent extrêmement complexes les relations entre ces peuples.

Alliés sur un plan, ils se séparent sur un autre pour devenir des ennemis farouches. Cette incohérence, typiquement balkanique, aggrave en Yougoslavie la menace d'un coup d'État kominformiste. Le refus obstiné de libérer l'archevêque de Zagreb, Stepinac, montre toute l'acuité du conflit serbo-croate, menant le régime de Tito vers l'impasse où se débattait la dictature du roi Alexandre. On peut, par conséquent, dire que, dans ce domaine, la nouvelle Yougoslavie paraît être l'héritière de l'ancienne Yougoslavie. On serait tenté d'affirmer que la fatalité historique des Serbes, des Croates et des Bulgares comporte pour chaque pas en avant la contrepartie d'une catastrophe...

L'auteur ose espérer que son travail apportera une contribution utile à la compréhension des réalités et des perspectives yougoslaves et balkaniques, que les formules fumeuses et scolastiques de Belgrade et de Moscou ne cessent d'obscurcir.

En dehors de la documentation proprement dite, il a tiré profit de son expérience personnelle en sa qualité de membre dirigeant du Parti Communiste Yougoslave, de 1919 à 1929, ainsi que de son séjour et de ses vicissitudes en Russie, de 1926 à 1936, et en Yougoslavie, de 1941 à 1944.

Paris, novembre 1951.

I

LE PROBLÈME YOUGOSLAVE
ET LES CONTRADICTIONS TITISTES

Le conflit de Tito avec Moscou a posé une fois de plus le problème yougoslave dans toute son ampleur. Son aspect international est le plus discuté et on ne cesse de s'interroger: «Où va la Yougoslavie de Tito? — Pourquoi ses hésitations entre l'Orient et l'Occident? — Jusqu'où Belgrade suivra-t-il Tito dans sa politique pro-occidentale?» Tous les observateurs avertis envisagent avec juste raison la possibilité d'un coup d'État kominformiste en Yougoslavie, non moins qu'une agression extérieure.

Pour pouvoir envisager d'une manière positive les perspectives de la Yougoslavie de Tito, il faut analyser avant tout les conditions nationales particulières de ce pays: déceler les forces agissant au sein du Parti Communiste et parmi les différents peuples yougoslaves.

La question yougoslave s'était tout d'abord posée au XIXe siècle et, ensuite, au cours de la première guerre mondiale, comme un problème purement national. Celui-ci a conservé ce caractère national jusqu'à maintenant, bien qu'il se soit compliqué, après 1919 et 1941, du facteur social.

Le mouvement partisan de Tito doit, en grande partie, sa victoire sur Mihaïlovic et Pavelic, sur le roi Pierre et Macek, à sa formule politique, synthétisant dans une certaine mesure les aspirations sociales et nationales du pays. Cependant le progrès réalisé n'a pas répondu à l'attente. Le communisme a travesti, mais non résolu, le drame balkanique. Les révélations concernant le conflit Tito-Moscou nous ont appris, entre autres, que, depuis longtemps, il existait des controverses graves entre les communistes de Sofia et de Belgrade au sujet de la Macédoine et des relations entre la Bulgarie et la Yougoslavie. Elles nous ont de même appris que de semblables controverses avaient opposé les communistes albanais et serbes au sujet de la région de Kossovo-Metohia, habitée en grande majorité par des Albanais et annexée à la Serbie par Pasic en 1912, après la première guerre balkanique. En outre, dans son interview à l' United Press du 7 janvier 1951, Tito a déclaré, en s'excusant presque, de ne pouvoir libérer l'archevêque de Zagreb Stepinac parce que les orthodoxes, c'est-à-dire les Serbes, s'y opposaient catégoriquement, Ainsi donc, en plus des conflits serbo-macédonien-bulgare et serbo-albanais, nous avons la confirmation officielle de l'existence du vieux conflit serbo-croate, avec cette précision — donnée par Tito lui-même — que son gouvernement obéit, dans les différends entre Serbes et Croates, aux exigences des Serbes, exactement comme il le fait dans le différend qui oppose les Serbes aux Bulgares et aux Albanais: «On ne peut rien y changer», a conclu mélancoliquement Tito.

Le conflit entre Belgrade et Moscou fait également ressortir son caractère nettement national: indépendance ou soumission de la Yougoslavie à l'U. R. S. S. En effet, aucune divergence, ni théorique, ni pratique, n'existait auparavant entre Tito et Staline, puisque le système politico-social de la

Yougoslavie et de l'U. R. S. S. était et est encore, au fond, le même.

Sans doute, la victoire du communisme en Yougoslavie, comme dans les autres pays de l'Est européen et de l'Asie, doit être attribuée en grande partie à l'état arriéré de ces nations sur le plan économique et social. Mais les soubresauts du communisme yougoslave ont été déterminés et ils restent dominés par le mobile national: les antagonismes locaux yougoslaves et balkaniques et les relations des peuples et des États balkaniques avec les grandes puissances de l'Est et de l'Ouest sont fonction des relations entre Belgrade, d'une part, et Sofia, Skopié, Tirana et Zagreb, d'autre part.

L'antagonisme qui existe depuis 1918 entre les Serbes, d'une part, les Bulgares, les Macédoniens et les Croates d'autre part, prouve que les Slaves balkaniques n'ont pas encore trouvé une plate-forme politique pouvant assurer leur mutuelle collaboration. Les causes de cette carence sont multiples.

Le jeu des grandes puissances a été certainement plus nuisible qu'utile aux peuples balkaniques. L'Allemagne et l'Italie aspiraient à la domination directe des Balkans. Les puissances occidentales et la Russie ont imposé la création de la Yougoslavie dominée par les Serbes, ce qui eut pour résultat de jeter le pays dans une série de crises politiques sur le plan extérieur et intérieur, aussi bien sous les Karageorgévitch que sous Tito. Cependant la raison principale du drame balkanique réside dans le caractère même de ces peuples: dans leur insuffisante maturité politique et, plus encore, dans leur formation nationale et religieuse rudimentaire, datant d'avant l'invasion turque et qui ne correspond plus aux exigences de leur situation géographique et nationale actuelles.

Les Yougoslaves et les Balkaniques sont victimes de leur esprit de clan, de leurs ambitions démesurées, de leur passé, de leurs meilleures traditions historiques, de leur formation nationale et religieuse qui s'est faite dans des conditions essentiellement différentes chez les uns et les autres. Chez les Serbes et chez les Croates, une telle formation contraste violemment avec leurs besoins vitaux de l'époque actuelle.

Les Bulgares, grande puissance à l'époque byzantine, sont aujourd'hui un petit peuple, comme les Serbes et les Roumains; les Macédoniens, qui, au moyen âge, tendaient à s'assimiler complètement aux Bulgares, se sont affirmés au XXe siècle comme un peuple autonome, indépendant, quoique restant très proche des Bulgares.

La grandeur impériale byzantine pèse lourdement sur la petite Grèce contemporaine. Malgré la catastrophe survenue en Asie Mineure en 1921, les Grecs ne cessent de traiter en inférieurs les Slaves balkaniques et de leur barrer le débouché sur la mer Egée, aggravant ainsi une des causes essentielles du désordre balkanique.

Les Serbes traversèrent une véritable révolution démographique. Ils abandonnèrent leur patrie médiévale: la Rascia (région de Novi Bazar et Kossovo), qui perdit alors son vieux nom, laissant la place aux Albanais, venant du sud, et aux Musulmans, d'origine croate, de Bosnie, venant de l'Ouest. La majeure partie des Serbes émigrés peupla le confluent de la Save et du Danube et les régions plus au nord. La contrée autour de Belgrade qui, durant tout le moyen âge, était habitée et dominée par les Hongrois et les Bulgares, devint le nouveau centre national serbe.

Une autre importante fraction du peuple serbe émigra — ou fut emmenée par les Turcs — vers le nord-ouest (Bosnie, Dalmatie, Slovénie, Croatie), soit comme colons libres et commerçants, soit comme serfs ou milice auxiliaire (turque d'abord, autrichienne ensuite). La majeure partie de ces Serbes fut groupée dans la région de l'ancienne frontière turco-autrichienne, qui se trouvait très éloignée de la Serbie proprement dite et séparée de celle-ci par une contrée presque entièrement catholique et musulmane. D'autres populations orthodoxes balkaniques s'installèrent à la même époque et s'assimilèrent aux Serbes.

Dans ces conditions, les Croates et les Serbes, qui vivaient, au moyen âge, éloignés les uns des autres, se trouvèrent bizarrement mêlés, et c'est ainsi qu'un tiers de la nation serbe se trouva dispersé. Belle occasion pour les ambitions démesurées de se manifester! Tandis que la langue et les mœurs populaires rapprochaient la population autochtone et les nouveaux venus, leurs traditions nationales différentes, et surtout leurs religions, les séparaient. La notion de religion l'emporte ici sur la notion de nationalité. Le fait qu'entre Belgrade et Zagreb le mot «catholique» est synonyme de croate et le mot «orthodoxe» de serbe en apporte la preuve.

Le troisième groupe de la nation serbe venant de Rascia s'était fixé au sud-ouest, au Monténégro (Zeta et Diocléa du moyen âge). Jusque-là cette région était habitée par une population slave particulière, catholique jusqu'au XIIe siècle, population mélangée, à forte proportion d'Albanais slavisés, et ayant subi l'influence croate des rives de l'Adriatique. L'influence des nouveaux venus, en particulier celle de l'Église orthodoxe serbe, qui à l'époque de la domination turque devenait prépondérante au Monténégro, laissait prévoir que les Monténégrins s'assimileraient définitivement à la nation serbe. Le résultat est assez différent: quoique très proches des Serbes, les Monténégrins se sont révélés un peuple slavo-balkanique particulier, à l'instar des Macédoniens à l'égard des Bulgares.

L'invasion turque déplaça également vers le nord le centre national croate. Il passa de la Dalmatie continentale — portant le nom de Croatie à l'époque médiévale, — à Zagreb et à la Croatie actuelle, qui jusque-là s'appelait la Slavonie. Il en résulta un affaiblissement des positions croates en Dalmatie qui dura jusqu'à la deuxième moitié du XIXe siècle. Une évolution semblable — quoique d'un caractère différent — se produisit en Bosnie. Un lien étroit existait, durant tout le moyen âge, entre la Dalmatie-Croatie et la Bosnie. Or ce lien se relâcha sensiblement lorsque, sous l'action des dominicains et des franciscains, aux XIIIe et XIVe siècles, la Dalmatie fut reconquise par le catholicisme, et la Bosnie gagnée par la secte manichéenne des bogoiniles. Les bogomiles bosniaques se convertirent ensuite à la religion musulmane et leur conversion éloigna pour des siècles cette population importante de Bosnie de la communauté nationale croate.

Dans l'enchevêtrement inextricable des nationalités et des religions, la présence en Bosnie des musulmans entre les deux groupes rivaux, les catholiques et les orthodoxes, leur confère en quelque sorte le rôle d'arbitres de la situation.

Le caractère purement national de l'Église orthodoxe serbe constitue un obstacle décisif à l'assimilation des musulmans et des catholiques des régions mixtes à la nationalité serbe. Inversement, le caractère universel des religions catholique et musulmane facilite le rapprochement des musulmans avec les croates catholiques. Cela explique, entre autres, qu'au cours de la dernière guerre les musulmans et les catholiques combattaient ensemble les orthodoxes dans les régions mixtes de la Yougoslavie. Il y a cinquante ans, les Serbes affirmaient: «Les musulmans sont des

Serbes auxquels il manque encore la conscience nationale.»
Ils disent aujourd'hui: «Les musulmans ne sont pas des
Serbes, ils ne sont pas davantage des Croates.» Cette
nuance indique l'évolution actuelle des musulmans. Mais
elle est encore inachevée et cela permet aux Croates et aux
Serbes d'essayer de la forcer chacun à son profit.

L'enchevètrement des Serbes et des Croates rend difficile une entente entre eux; les traditions nationales ne la
favorisent pas et lui sont plutôt nuisibles. Pour arriver à
cette entente, il faudrait créer quelque chose de nouveau du
point de vue idéologique et politique. Mais la prédominance du facteur religieux sur les sentiments nationaux des
uns et des autres est encore le plus grand obstacle pour
aborder ce problème d'une façon positive.

C'est ainsi que les Croates inclinent à considérer les
Serbes en Croatie et en Bosnie uniquement comme une
minorité religieuse et non comme une minorité nationale,
c'est-à-dire comme une question susceptible d'être résolue
sans tenir compte du reste de la nation serbe, dont le
noyau central est la Serbie. Cette conception anti-histo-
rique est le grand point faible de la politique croate. C'est
elle qui attacha pendant longtemps la majorité des Croates
à l'Autriche (jusqu'en 1917). C'est elle encore qui les
pousse vers la restauration chimérique de la maison des
Habsbourg, de la «Fédération Danubienne», chaque fois
qu'ils se voient obligés de combattre les visées grand-
serbes. Ils ne se rendent pas suffisamment compte que
le temps des Habsbourg, de l'Empire austro-hongrois et
même du grand Reich allemand est révolu. Ils ne réussissent pas encore à se convaincre que leur destinée se trouve
désormais organiquement liée à celle des autres peuples
yougoslaves et balkaniques par suite de leur propre présence en Bosnie et en Dalmatie. Les Croates n'ont pas

compris clairement jusqu'aujourd'hui que ces peuples yougoslaves et balkaniques sont, à l'époque actuelle, leur partenaire et leur allié n° 1, aussi bien dans la lutte contre l'oppression grand-serbe que dans les solutions positives à chercher, et non les Autrichiens et les Allemands, non les Hongrois et les Italiens. Alors que tout les pousse à apporter leur contribution croate et occidentale sur le terrain yougoslave et balkanique pour y réussir ou succomber, ils préfèrent se cramponner à l'illusion d'une séparation tout à fait artificielle dans les conditions géo-politiques actuelles de la Péninsule balkanique. C'est la cause essentielle de leurs revers politiques.

En créant, en 1878, à San Stéfano, la Grande Bulgarie, création restée symbolique en raison de l'opposition de l'Angleterre, la Russie a, pendant quarante ans, poussé la Bulgarie à jouer un rôle de premier plan sur la scène balkanique, rôle qui revint plus tard, par la force des choses, à la Serbie. A la veille de la disparition de l'Empire ottoman et de celui des Habsbourg, il était tout naturel que les Serbes prissent, au début du xxe siècle, l'initiative d'apporter des solutions plus larges au problème yougoslave et balkanique, puisqu'ils se trouvaient au centre de la Péninsule, qu'ils tenaient avec Belgrade la clef des Balkans et avaient une forte minorité chez les Croates. Cela s'inscrit à leur actif dans l'histoire balkanique, et on doit reconnaître le soutien efficace de l'Église nationale serbe orthodoxe en l'occurrence.

La création de la Yougoslavie en 1918, sous la direction serbe, en a été la récompense. Malheureusement, dès ce moment, les Serbes ne se montrèrent pas à la hauteur de leur tâche. A vrai dire, ils avaient déjà failli à leur mission en 1912, durant la guerre balkanique. La Serbie de Pasic et la Grèce de Venizelos s'unirent contre les Bulgares, les

Macédoniens et les Albanais pour les vaincre, se partager leur territoire et les dominer ensuite. Nous nous trouvons ici devant un cas classique de l'impérialisme des petits États. Dès lors, cette partie méridionale de la Péninsule n'a connu aucun répit. Et pourtant cette solution précaire du problème albanais et macédonien passa presque inaperçue.

La Yougoslavie de 1918 et celle de 1945 englobent dans ses frontières cinq peuples yougoslaves: les Macédoniens, les Serbes, les Monténégrins, les Croates et les Slovènes, parmi lesquels les Serbes et les Croates sont numériquement les plus importants. Le rapport des forces entre les Serbes et les Croates pourrait, grosso modo, être comparé à celui des Allemands et des Hongrois dans l'ancienne Autriche-Hongrie, les uns occupant le centre de la partie Ouest et les autres le centre de la partie Est de l'État. Par les traditions nationales et historiques, ils sont en quelque sorte à égalité. Les Serbes dépassent numériquement les Croates, mais ceux-ci sont plus évolués au point de vue culturel et économique. Serbes et Croates puisent dans la religion un soutien essentiel. Il est donc évident que la petite Yougoslavie, sans les Bulgares, ne peut être viable que s'il existe une entente fondamentale entre les Serbes et les Croates.

Le manque de compréhension réciproque a été fatal. Toutefois, la responsabilité des Croates, en dépit de leurs défauts et de leur incompréhension à l'égard des traditions et des qualités serbes, n'est que secondaire, étant donné que les Serbes ne les traitèrent pas en égaux à la tête de l'État, mais uniquement comme des figurants dans le gouvernement ou comme un parti d'opposition. En revanche, les Serbes, monopolisant le pouvoir, encourent une responsabilité infiniment plus grande dans la catastrophe yougoslave. Ils se sont en effet refusés à prendre en considération la tradition de l'État croate. Ils ont affirmé avec obstination le monopole de la tradition serbe et traité tout le reste de pur provincialisme et séparatisme. Selon la conscience nationale serbe et la volonté des dirigeants de Belgrade, il ne s'agissait pas d'unir et de coordonner deux États et deux consciences nationales, mais d'absorber la masse amorphe de la périphérie et de l'intégrer dans «le noyau serbe cristallisé». D'après cette conception, le pouvoir central revenait logiquement aux Serbes et le pouvoir local à la minorité serbe en Bosnie, Dalmatie, Slovénie et en Croatie, prise en sa qualité de population nationale la plus «sûre». En considérant la Yougoslavie comme une Serbie élargie, comme une Grande Serbie, cette politique apparaît tout à fait naturelle. Elle n'a fait que s'exaspérer sous l'influence du facteur religieux.

D'après la tradition byzantine, dont l'Église serbe est fortement imbue, l'État et l'Église s'identifient et c'est pourquoi l'Église serbe orthodoxe fut, en Serbie jusqu'en 1918, l'Église d'État, les autres communautés religieuses n'y étant que tolérées. Cette situation est restée *de facto*, sinon *de jure*, dans la Yougoslavie de Karageorgévitch et même dans celle de Tito. Il suffit à cet égard de rappeler la différence de traitement dont firent l'objet le patriarche de Belgrade et l'archevêque de Zagreb.

La tradition turque dont les Serbes ont été imprégnés cinq siècles durant veut qu'une seule communauté religieuse détienne le monopole du pouvoir politique et bénéficie, pour ainsi dire, d'un statut de la nationalité dominante, les autres communautés ne pouvant prétendre qu'au libre exercice de leur culte et de leurs activités économiques, à l'exclusion de toute participation à la direction politique du pays. La classe dirigeante serbe ainsi que le peuple serbe lui-même sont profondément imprégnés de cette tradition byzantine et turque. Voilà pourquoi on a trouvé naturel, en Yougoslavie, que le pouvoir politique revienne de droit, en quelque sorte, à un groupe serbe orthodoxe, où qu'il se trouve et si minime qu'il soit. A cause de cette tradition, on traite les musulmans en renégats qui, ayant trahi la foi chrétienne, sont passés à l'Islam, et les catholiques en hérétiques latins. Comment admettre que ces «renégats» et ces «hérétiques», même s'ils représentaient la majorité de la population, puissent avoir la prédominance sur les bons orthodoxes en Bosnie et en Croatie? Dans l'Empire Ottoman, les musulmans n'étaient-ils pas partout les maîtres et les chrétiens les sujets, «la raya» selon l'expression turque? «Puisque nous sommes en Serbie, concluaient alors les Serbes, il est logique que nous, les orthodoxes, soyons les maîtres, et les musulmans et les catholiques, des 'rayas'». La formule du vieux Pasic: «Tous les Serbes doivent être libérés, tous les Serbes doivent être rattachés à la Serbie», innocente et juste en apparence, exprimait en fait cette conception. Quand les truquages parlementaires ne suffirent plus à la réaliser, le roi Alexandre recourut à la dictature, avec la bénédiction du patriarche et des évêques orthodoxes.

C'est dans cet esprit que, sous l'égide de Belgrade, fut instaurée en Bosnie et en Croatie, la domination de la minorité serbe-orthodoxe sur la majorité catholique et musulmane. Ces derniers auraient peut-être supporté le monopole serbe à la direction générale de l'État yougoslave, si leur éviction du pouvoir local dans «leurs provinces ancestrales», qu'ils assumaient depuis des siècles même sous la domination étrangère, ne les avait exaspérés et n'avait fait déborder le vase... Cette controverse locale, portée à son comble, fut la cause déterminante des massacres dont les catholiques et les musulmans donnèrent le signal en 1941, afin de se débarrasser de la minorité locale orthodoxe considérée par eux comme une «cinquième colonne» grand-serbe. Ce faisant, ils oubliaient les lois de l'éthique, la proportion des forces antagonistes et l'ensemble du problème serbo-croate.

Cette conception que le pouvoir politique en Bosnie et en Croatie doit revenir à la minorité orthodoxe serbe constitue jusqu'à présent le plus grand obstacle à la consolidation de l'État yougoslave. L'influence prédominante de l'esprit religieux sur la conscience nationale aboutit à une divergence insoutenable des positions serbes et croates. Les Croates veulent traiter la minorité locale serbe sans tenir compte de son appartenance à la nation serbe. Les Serbes, de leur côté, suivant leur conception religieuse, trouvent moralement justifié d'imposer en Bosnie et en Croatie la domination de la minorité orthodoxe à la majorité musulmane et catholique.

Ces deux prétentions absurdes sont à la base de l'impasse yougoslave.

Tous les mouvements politiques traditionnels, serbes et croates, aussi bien nationalistes que paysans, sont prisonniers de ces conceptions stériles. Il semblait donc que le communisme seul avait la capacité de surmonter cet obstacle. Cependant l'alliance du communisme stalinien avec l'Église orthodoxe et le statu quo grand-serbe depuis 1936, — conservés par le communisme titiste après le différend avec Moscou jusqu'aujourd'hui, — a empêché le communisme yougoslave de résoudre le conflit entre les deux Églises et les deux peuples, conflit qui empoisonne toute la vie intérieure de la Yougoslavie.

S'inspirant dans une certaine mesure de la tactique de Moscou, entre 1923 et 1936, lorsque l'U. R. S. S. combattait la Yougoslavie grand-serbe, le Parti Communiste Yougoslave a organisé un État fédéral yougoslave en reconnaissant à chaque peuple sa personnalité particulière; on a accordé avec raison à la Bosnie-Herzégovine un régime autonome. Mais, par un procédé oblique, on vide ces réformes de leur contenu.

La Constitution de la République de Croatie proclame que la minorité serbe en Croatie (14 p. 100 de la population d'après les statistiques de Tito de mars 1948) n'est pas une minorité nationale, mais une nation à égalité avec les Croates. Cette stipulation constitutionnelle annule *ipso facto* la souveraineté croate au sein de la République croate. Elle annule aussi leurs droits démocratiques en tant que majorité, en donnant en même temps une base juridique pour imposer la domination de la minorité serbe sur la majorité croate. Il est évident qu'une nation jouissant librement de son pouvoir de décision ne consentirait jamais à une pareille abdication en faveur d'une minorité. En Bosnie, où la minorité serbe est très importante (44 p. 100 de la population totale), les Serbes se sont assuré par voie de fait le monopole du pouvoir politique; pour qu'ils le conservent plus facilement, on a soigneusement omis de fixer dans la Constitution de la République de Bosnie-Herzégovine les droits des Croates en général et des musulmans en particulier.

Derrière la façade yougoslave, c'est la Grande Serbie qui s'est en réalité reconstituée en 1945. Grâce au système du Parti unique, le fédéralisme de cette nouvelle Yougoslavie fonctionne dans la pratique comme un centralisme grand-serbe des plus rigides.

Une question vient alors à l'esprit: Tito étant un Croate, comment expliquer sa politique? Si on lui concède d'avoir sacrifié aux Serbes les Bulgares et les Albanais, comment admettre qu'il ait agi de la même manière à l'égard des Croates?

Sans analyser ici cette question, je me bornerai à mentionner ce fait capital: dès que Moscou et le Parti Communiste Yougoslave inaugurèrent là politique «grand-serbe», les communistes et le bureau du Parti Communiste de Croatie commencèrent à la combattre. Cette opposition des communistes croates amena Tito à procéder à deux épurations au sein du Parti Communiste croate: l'une en 1939, l'autre à la fin de 1944. En agissant ainsi, il a montré qu'il ne représentait pas les communistes croates et encore moins la nation croate. Le petit groupe d'amis personnels de Tito parmi les communistes croates (Gosnjak, Salaj, Mrazovic, etc.) ne compte que quelques fonctionnaires des syndicats. Indifférents au problème national, ils ont accepté «dans l'intérêt du communisme» de s'agréger au groupe panserbe, suivant les instructions de Moscou, à dater de 1936. Ce noyau d'amis croates du maréchal joue actuellement un rôle de premier plan dans les sphères dirigeantes de Belgrade et, depuis le conflit avec Moscou, s'affirme, au côté de Tito, comme l'adversaire déterminé des prétentions moscovites.

Or ce fut parce que les communistes yougoslaves voulaient préserver les positions grand-serbes (acquises surtout avec l'aidé de Moscou) dans le domaine de la politique extérieure que le conflit avec Moscou éclata. A partir de 1945, en effet, le Kremlin voulait remplacer le monopole serbe dans les Balkans par un condominium serbo-bulgare. Les dirigeants communistes de Belgrade se cabrèrent afin de défendre la souveraineté yougoslave, c'est-à-dire serbe, contre la vassalité soviétique et la suprématie serbe dans les Balkans contre les prétentions bulgares. Nous avons vu alors la Yougoslavie réclamer à haute voix l'égalité entre Belgrade et Moscou, sans admettre l'égalité entre Sofia et Belgrade, et moins encore entre Belgrade et Zagreb.

La menace constante d'agression que Moscou fait peser sur la Yougoslavie oblige Tito à chercher un appui auprès de l'Occident. Mais les contacts de la Yougoslavie avec l'Occident et l'aide qu'elle en reçoit provoquent chez les communistes serbes un revirement pro-kominformiste. De ce fait, Tito perd petit à petit, la base sur laquelle il s'appuyait jusqu'alors et son régime entre dans une phase d'incohérence. C'est un élément nouveau dans la situation complexe du régime qui pourrait lui être fatal.

Comment cela se produisit-il? En vue de consolider intérieurement la Yougoslavie et de renforcer sa capacité de résistance aux pressions de Moscou, l'Occident demanda notamment la cessation des persécutions contre les catholiques de Yougoslavie — qui constituent la moitié de la population et qui sont, par excellence, pro-occidentaux — et de libérer l'archevêque de Zagreb. C'est alors que certains ministres serbes de Tito, aussi bien à Zagreb qu'à Belgrade, tournèrent à nouveau les yeux vers le Kominform, vers Moscou, en se disant: «S'il fallait conserver l'indépendance nationale de la Yougoslavie au prix de l'octroi de l'égalité entre les Serbes et les Croates, entre les catholiques et les orthodoxes, il-vaudrait mieux sacrifier cette indépendance et se soumettre à Moscou pour pouvoir continuer à persécuter les catholiques, les Croates.» Voilà la logique balkanique! Il serait cependant très injuste d'affirmer que les Serbes sont seuls à raisonner et à agir de la sorte. Leurs voisins et adversaires sont également prêts à en faire autant. Pavelic, Hebrang, Hoxa, Tchervenkov ont déjà fait leurs preuves à ce sujet.

L'intervention directe de la Russie dans les affaires balkaniques a ouvert une crise grave dans les relations serbo-bulgares. Le rapprochement de Tito avec l'Occident a, de son côté, révélé la nécessité primordiale d'assainir les relations serbo-croates. De sorte que nous nous trouvons en présence des facteurs fondamentaux du problème yougoslave: les relations serbo-croates et serbo-bulgares.

Les Serbes sont à tous points de vue trop faibles pour pouvoir serbiser les autres Slaves balkaniques ou s'imposer à eux, à l'exemple des Grands-Russes à l'égard des autres peuples de l'U. R. S. S. La prétention serbe de faire de la Yougoslavie une petite U. R. S. S. grand-serbe des Balkans manque des prémisses essentielles et ne peut être qu'une aventure à court terme, plus éphémère que celle des Karageorgévitch qui tentèrent de faire de la Serbie une Prusse yougoslave-balkanique. En U. R. S. S., les Grands-Russes n'ont pas à affronter un peuple qui pourrait sérieusement les contrebalancer. En revanche, les Serbes ont affaire aux Croates et aux Bulgares, deux peuples qui les égalent. C'est ce rapport des forces rivales entre les peuples slaves des Balkans qui met constamment en danger le grand-serbisme et qui, depuis trente ans, est à l'origine de la politique intérieure et extérieure de Belgrade, de ses violences, de ses coups d'État et de ses volte-face sur l'échiquier international. Sa phase actuelle n'est donc qu'un des épisodes transitoires. Pour créer quelque chose de durable en Yougoslavie, il faudrait en premier lieu consolider sa base en mettant fin au régime grand-serbe, insoutenable à cause de la simple relation des forces en présence, excluant toute consolidation sérieuse de l'État.

En reportant aux chapitres suivants l'analyse plus circonstanciée de différents aspects du problème yougoslave, je veux indiquer tout de suite au lecteur les points cruciaux de ce problème, petit et complexe à la fois.

Pour pouvoir dominer les Croates et les Macédoniens, plus ou moins avec l'aide des Monténégrins et des Slovènes, la tactique de la politique grand-serbe consistait à empêcher à tout prix les Bulgares de se joindre à la communauté des peuples yougoslaves.

Ce stratagème a ses défauts. Même dans une Yougoslavie sans les Bulgares, le rapport des forces est tel que la domination serbe ne peut pas s'y maintenir. D'autre part, il est impossible de séparer les Bulgares du problème macédonien, comme le voudrait cette conception politique. Si les Serbes voulaient envisager une consolidation de la «Petite Yougoslavie» (sans les Bulgares), ils devraient renoncer aux Macédoniens. Sans quoi le problème bulgare resterait toujours ouvert et le problème serbo-croate inséparable des relations serbo-bulgares. Une autre erreur de la conception traditionnelle grand-serbe est de nourrir l'illusion de pouvoir consolider la Yougoslavie tout en s'opposant à l'unité de la Macédoine et en consacrant son partage, comme c'est également une erreur de s'opposer à l'union nationale albanaise en cherchant à conserver en Yougoslavie les territoires à population albanaise annexés à la Serbie par Pasic en 1912.

Le conflit Belgrade-Moscou change, comme nous le verrons plus loin, ces deux problèmes du point de vue tactique, mais non stratégique.

Tant que la Grande Serbie jouissait de l'appui de la Russie, elle pouvait encore tenir. Mais, du moment que la Russie avec sa forte position dans les Balkans demande un changement, la relation des forces devient telle qu'elle ne permet plus à la Grande Serbie de se maintenir longtemps. La question est alors de savoir qui fera le changement: Tito ou les Russes? En faveur de l'Occident ou de

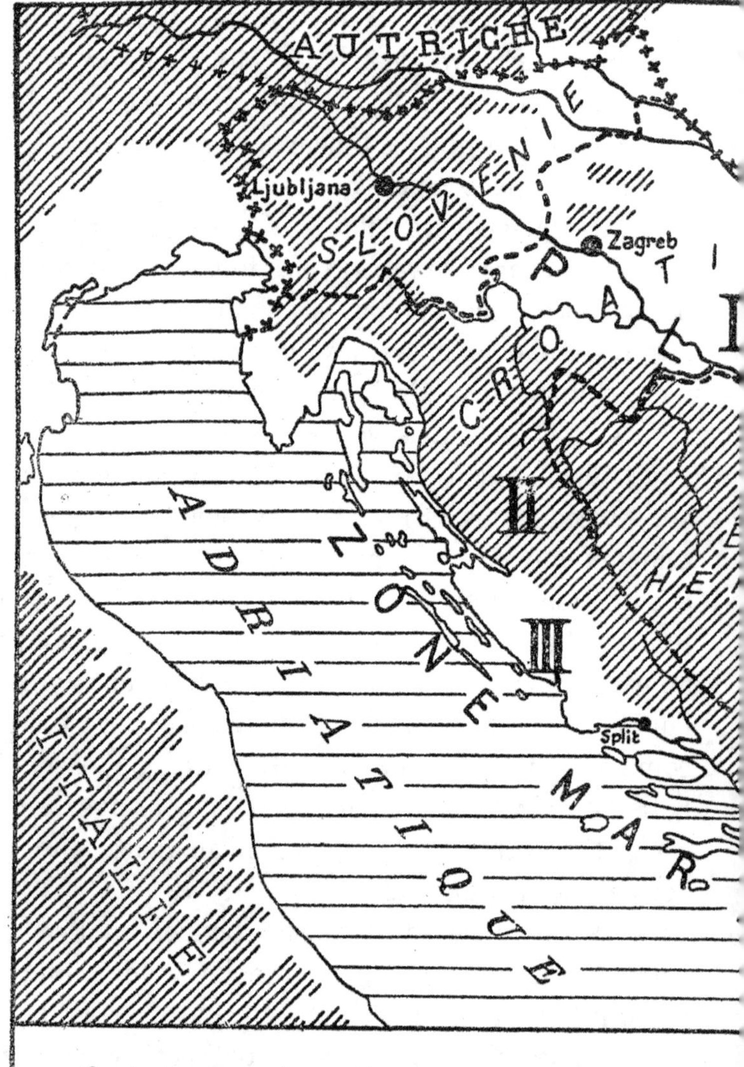
AUTRICHE
SLOVENIE
Ljubljana
Zagreb
CROATIE
ADRIATIQUE
ZONE
ITALIE
Split
MAR
Schéma des 3 zones naturelles
de la Yougoslavie
I   la plaine   (pacifique).
II zone montagneuse (belliqueuse).
III zone maritime (méditerranéenne).

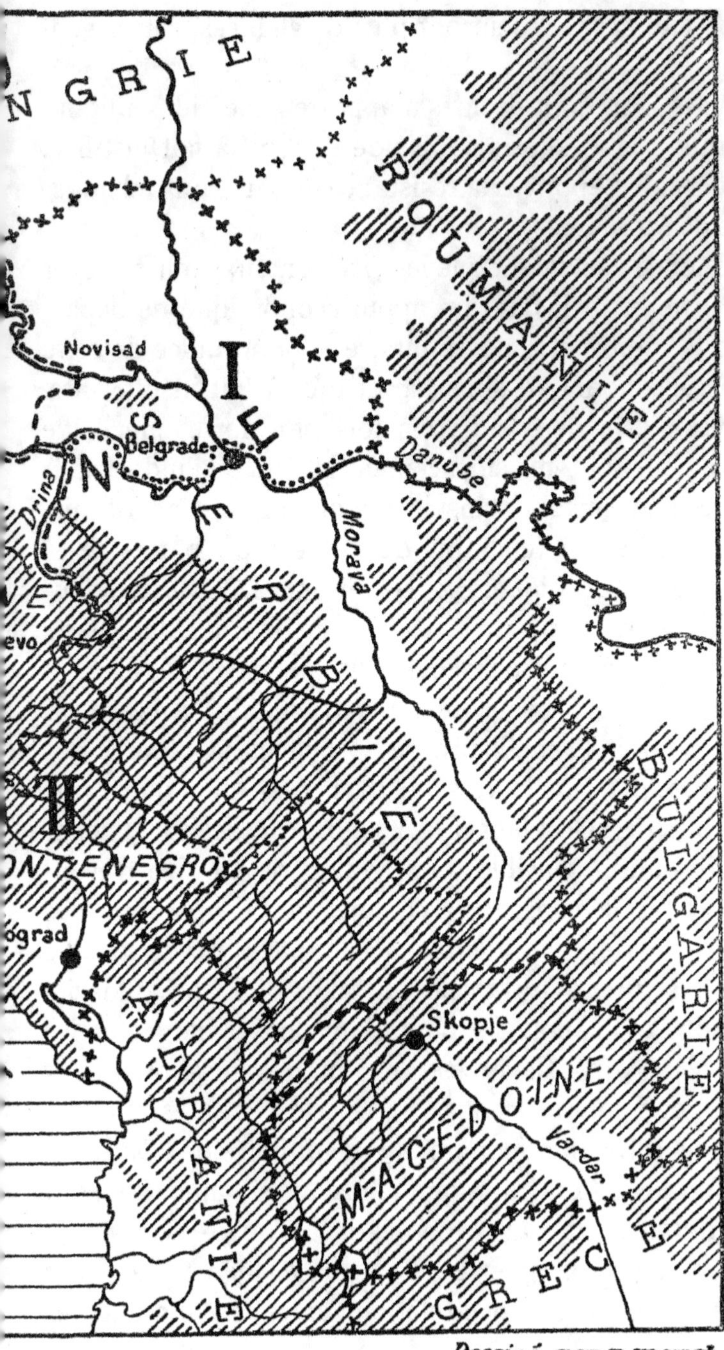
HONGRIE
ROUMANIE
Novisad
Belgrade
Danube
Drina
Morava
SERBIE
MONTENEGRO
ograd
evo
ALBANIE
MACEDOINE
Skopje
Vardar
BULGARIE
GREC E
I
II
Dessiné par r. monet.

l'Orient? Tito et l'Occident ont plus de chances, s'ils savent les saisir.

Les États-Unis sont décidés à apporter une aide militaire importante à la Yougoslavie. L'aide est tout à fait justifiée, puisqu'il s'agit d'appuyer la résistance de Tito contre l'impérialisme de Moscou.

On annonce également que les Occidentaux vont octroyer au gouvernement de Tito un appui économique ne dépassant pas la moitié de l'aide militaire. L'importance de cette assistance économique nous paraît tout à fait insuffisante. Elle devrait être deux ou trois fois plus forte que l'aide militaire, pour soutenir efficacement le plan de l'industrialisation de Tito surtout dans la région minière de Bosnie, ainsi que la liaison (chemins de fer, routes, ports) de la Bosnie avec l'Adriatique. Et, ce faisant, l'Occident prouverait aux pays derrière le rideau de fer que la Russie n'est pas l'alliée indispensable, loin de là, et qu'il est à même de les aider beaucoup mieux encore à s'industrialiser. Cela serait la meilleure des propagandes auprès des peuples satellites de la Russie. Il va sans dire que l'aide économique de l'Occident à la Yougoslavie devrait amener une amélioration sensible du standard de vie des travailleurs. Il faudrait envisager à ce sujet une coopération des syndicats ouvriers occidentaux. Les ouvriers, le peuple devraient sentir que l'Occident veut dire la solidarité internationale et non l'exploitation des faibles par les forts. Le «cas yougoslave» est une épreuve aussi bien pour l'Occident que pour l'Orient.

Toutefois cette aide économique et militaire de l'Occident à la Yougoslavie de Tito risque d'être aussi vaine que l'ont été les milliards français accordés à la Yougoslavie du roi Alexandre avant la guerre, si la base même de l'État yougoslave, c'est-à-dire des relations entre les cinq peuples et les trois religions qui la composent, ne subit pas une réforme profonde, inspirée des principes d'égalité et de justice. Si la deuxième Yougoslavie reste la Grande Serbie qu'elle est aujourd'hui, elle s'effondrera, à la première crise internationale sérieuse, comme un château de cartes. A moins qu'elle ne s'effondre à la suite d'un coup d'État intérieur.

Quant à l'éventualité d'une guerre extérieure, elle peut venir de la Russie ou plutôt de ses satellites qui encerclent la Yougoslavie. On ne saurait d'ailleurs affirmer qu'une attaque des satellites de l'U.R.S.S. contre la Yougoslavie serait couronnée de succès, étant donné que la disproportion des forces militaires n'est pas aussi grande qu'on pourrait le supposer et que les antagonismes entre les Serbes et ces peuples sont encore assez vivaces pour soulever les Serbes, principalement, contre eux. Un effondrement de la Yougoslavie titiste sur ce plan n'est prévisible que par une attaque des Russes. Dans ce cas, en effet, les communistes serbes et l'armée yougoslave, dominée par eux, passeraient vraisemblablement du côté des Russes. Cette attaque directe des Russes reste improbable toutefois pour l'instant, car elle risquerait de provoquer une nouvelle guerre mondiale.

Je laisse de côté la politique économique et sociale de Tito à laquelle les communistes accordent une grande importance. J'en dirai quelques mots: Tito n'a créé rien d'original sur le plan économique et social. Son système à cet égard est à l'image de celui de la Russie soviétique et de ses satellites. C'est un régime qui tend à l'industrialisation des pays relativement peu développés sur la base du capitalisme d'État, qu'il désigne sous l'euphémisme: «socialisme et communisme», pour mieux envoûter les masses populaires. De cette manière, les communistes, mués en organisateurs des ouvriers, réussissent à les faire travailler davantage dans des conditions matérielles déplorables. Ils jouent ainsi en Orient le même rôle que la bourgeoisie dans les pays occidentaux, il y a une centaine d'années, vis-à-vis de la classe ouvrière, Ces nouveaux maîtres de l'Orient, visant à instaurer la domination universelle à leur profit, feraient jouer dans ces conditions aux communistes occidentaux le rôle de cinquième colonne. De cette fonction industrialisatrice, le communisme oriental puise sa force et sa supériorité incontestable sur les partis bourgeois et paysans locaux, de Draza Mihaïlovic à Tchang Kai Chek, de Macek à Kerensky. Cela explique la stérilité des efforts pour restaurer en Yougoslavie et dans les autres pays orientaux la société pré-communiste.

Ce système n'a vraiment rien de socialiste, les ouvriers ne jouant aucun rôle dans la direction de la production et de la vie publique, et l'égalité et la liberté sociale n'existant pas. La nouvelle classe dominante — les communistes à l'échelon politique et social, et les ingénieurs et directeurs à l'échelon technique — s'est complètement substituée à la bourgeoisie dans son rôle d'exploiteur des travailleurs. Il est donc permis de prévoir l'avènement d'un nouveau cycle de luttes politiques et sociales susceptibles d'ouvrir la voie à l'établissement d'une société post-communiste, c'est-à-dire d'un socialisme démocratique concret et non verbal.

La dictature du parti unique s'est assuré, en Yougoslavie comme en Russie, la soumission du prolétariat et des paysans. L'instauration des «conseils ouvriers» dans les fabriques, présentée comme une réforme extraordinaire de Tito, n'a, en fait, rien changé au système du communisme oriental, puisqu'il réserve à la bureaucratie, communiste et technique, tous les pouvoirs de décision dans l'industrie et le commerce, n'accordant aux «conseils» qu'une fonction consultative et, qui plus est, laissant au Parti Communiste le soin de désigner lui-même la composition de ces «conseils» grâce à un système spécial d'investiture des candidatures. Les ouvriers le comprirent si bien qu'ils ont déclaré dans le journal Borba: «Nous nous montrerons dignes de la confiance du Parti.» Ce n'est donc pas le Parti qui doit mériter la confiance des ouvriers, mais ces derniers qui doivent gagner la confiance du Parti! La position des sujets et du souverain est on ne peut plus clairement définie.

Tant qu'existera le système du parti unique; ni les anciennes classes avec leurs partis politiques, ni les masses laborieuses avec leurs aspirations sociales et démocratiques n'auront la possibilité de lutter contre la toute-puissance de la bureaucratie communiste. En outre, le système actuel du parti unique a pour but, à l'image du parti unique du roi Alexandre, d'assurer la domination serbe sur les Croates, les Macédoniens et les Albanais, et même sur les demi-alliés des Grands-Serbes, les Slovènes et les Monténégrins.

Après sa remarquable rébellion contre les prétentions impérialistes du Kremlin, le gouvernement de Tito doit résoudre le problème suivant: se débarrasser de l'héritage stalinien dans sa politique intérieure et locale en opérant un redressement profond et immédiat des relations entre les différentes nationalités. De cela dépend la réussite ou la débâcle finale de son action tout entière.

II

TITO VAINQUEUR

DE MIHAILOVIC ET DE PAVELIC

A la différence de ce qui s'est passé dans les autres pays de l'Europe orientale, l'instauration du régime communiste en Yougoslavie est en grande partie l'œuvre des forces locales. Bien que la crise sociale et politique ait sévi entre les deux guerres chez tous les peuples de l'Europe orientale, ce fut seulement en Yougoslavie que le communisme s'affirma comme une puissance d'État avant l'arrivée de l'Armée Rouge. Quelle est la raison de cette exception? On entend souvent dire que cela est dû à la valeur combattive des partisans yougoslaves et aux qualités personnelles des dirigeants communistes. Sans nier l'importance de ces facteurs, la vérité est cependant tout autre.

La Yougoslavie est le seul pays de l'Europe orientale ayant un caractère multinational. Il existe certes dans les autres pays d'importantes minorités nationales, mais il y a toujours une nationalité qui englobe le centre du territoire de l'État et la majorité de sa population. En Yougoslavie, la situation est différente. La nationalité dominante et la plus nombreuse, la nationalité serbe, représente pourtant une minorité par rapport à l'ensemble des autres nationalités (environ 40 p. 100; selon l'estimation du Ve Congrès du Komintern: 39 p. 100). En outre, un tiers de la population serbe est disséminé parmi les autres groupes ethniques tandis que sa masse compacte n'occupe pas le centre de l'État, mais seulement sa partie orientale (la Serbie dans ses frontières d'avant les guerres balkaniques).

Sans tenir compte de ce fait fondamental, les Serbes ont essayé d'instaurer en leur faveur une véritable prédominance et même de serbiser les autres peuples yougoslaves. Cette ambition exagérée a provoqué la crise du premier État yougoslave dès le début de son existence, le 1er décembre 1918, crise qui s'est aggravée jusqu'à sa peu glorieuse disparition en avril 1941.

C'est précisément sur le terrain des rapports entre les peuples yougoslaves que s'affirma la supériorité du Parti Communiste sur les autres partis politiques, aussi bien parmi les Serbes que parmi les autres peuples. L'incapacité avérée de tous les autres partis politiques de trouver un *modus vivendi* entre les différentes nationalités et religions a permis au Parti Communiste de surgir comme *Deus ex machina* au moment critique des massacres mutuels. Malgré l'extermination de centaines de milliers de personnes appartenant aux différents groupes, ces massacres n'apportaient en effet aucune solution, puisqu'ils laissaient inchangés, dans leur ensemble, les rapports des forces entre les adversaires.

Un fédéralisme sur la base ethnique, avec la reconnaissance du caractère national particulier à chaque groupe et de l'égalité de toutes les nationalités yougoslaves, fut le point de départ du Parti Communiste pour la conquête du pouvoir.

L'interdépendance économique des divers peuples yougo-slaves ainsi que leur mélange, spécialement des Croates et des Serbes en Bosnie, donnaient une base plus réaliste à la solution fédérative qu'à celle d'une séparation en plusieurs États indépendants.

Le soutien politique et militaire des alliés d'Orient et d'Occident a été également très important pour l'affirma-tion définitive du régime de Tito, ce qui lui a même per-mis d'imposer certaines solutions artificielles qui pèsent gravement sur les destinées du nouvel État yougoslave.

C'est en 1942 que le problème de la prédominance défi-nitive de Draza Mihaïlovic ou de Tito a été tranché en faveur de ce dernier. C'est, en effet, alors que Tito réussit

à vaincre Mihaïlovic en Bosnie et Pavelic en Dalmatie.

L'histoire de la résistance yougoslave, et spécialement des luttes entre Serbes et Croates, est très complexe. Nous nous bornerons ici à mentionner les épisodes les plus impor-tants, en nous basant également sur le voyage d'études que nous avons effectué pendant la guerre en Yougoslavie, ce que nous avons payé d'un séjour dans le trop fameux camp d'extermination de Jasenovac.

La fin dramatique de Mihaïlovic ne devrait celer à per-sonne le caractère fictif de sa résistance dès le début.

Le fameux coup d'État du 27 mars 1941, qui, sur le plan extérieur, a apporté un grand avantage moral aux alliés occidentaux, était l'œuvre d'une conspiration purement serbe, avec un programme intérieur nettement pan-serbe. Cet événement a été également utile à la Russie qui, à l'époque, tout en étant encore l'alliée d'Hitler, se trou-vait depuis six mois déjà — c'est-à-dire depuis la visite de Molotov de novembre 1940 à Berlin — sourdement en conflit avec l'Allemagne sur les questions politiques des Balkans. Son caractère anticroate et antimacédonien était évident. Dans les rues de Belgrade, on criait simultanément: «A bas le Pacte (avec l'Allemagne)», et «A bas l'Accord» (accord conclu entre le gouvernement destitué et le représentant des Croates Macek). D'autre part, les Croates et les Macédoniens réagirent avec une égale hostilité antiserbe contre le coup panserbe de Belgrade.

Il est évident qu'un coup d'État réalisé dans ces conditions ne pouvait pas être le point de départ d'une résistance généralisée envers l'étranger, mais uniquement celui de la désagrégation de l'État.

L'armée yougoslave, comme on sait, capitula le 17 avril 1941 sans livrer le moindre combat. Un groupe d'officiers favorables au coup d'État, ayant à leur tête le colonel Draza Mihaïlovic, avait décidé de diminuer grâce à une résistance purement symbolique aux yeux de l'opinion publique alliée les effets négatifs de la capitulation. Cette manœuvre avait pour but de créer pour la classe dominante serbe un titre juridique tel qu'elle puisse, au moment de la victoire finale des Alliés, demander l'établissement de la prédominance totalitaire serbe sur les peuples non serbes, «traîtres à la Yougoslavie de 1941», afin de briser une fois pour toutes la résistance à la serbisation. Cette «combinaison» qu'on avait cru géniale devait être cependant détruite par l'activité de Pavelic, d'abord, et de Tito, ensuite.

Les massacres en masse des Serbes de Croatie et de Bosnie, sous prétexte de la prétendue révolte des «Tchetniks» de Mihaïlovic contre le nouvel État croate et l'Axe (en désignant comme Tchetniks tous les Serbes et même leurs enfants), placèrent Mihaïlovic devant un grave problème. S'il avait continué la résistance, même nominale, il aurait fourni à Pavelic le prétexte d'exterminer complètement la minorité serbe dans les régions mixtes, que les

Serbes revendiquaient comme faisant partie intégrante de la Grande Serbie. Le fait que les musulmans de Bosnie avaient pris une part très active dans ces massacres, déclenchés par les catholiques croates, avait placé les Serbes orthodoxes de cette province dans une situation désespérée. L'arrivée des Alliés à la fin de la guerre risquait d'être trop tardive pour cette forte minorité serbe, englobée alors dans l'État indépendant croate de Pavelic.

Pour parer à cette menace, Mihaïlovic s'était décidé à de nouvelles actions politico-militaires. Premièrement dans la zone occupée par l'armée italienne (Monténégro Dalmatie, une partie de la Bosnie et de la Croatie) il passa à la collaboration directe avec l'armée italienne d'occupation, estimant que celle-ci, étant anti-allemande par rivalité, se rangerait un jour du côté des Alliés. Ce fut même l'armée italienne qui fournit des armes aux Tchetniks de Mihaïlovic en Dalmatie et au Monténégro. Tant qu'existait la Yougoslavie, Mussolini avait soutenu Pavelic. Maintenant qu'il avait de sérieux différends avec les Croates en Dalmatie, il appuyait les nationalistes serbes en lutte contre les Croates. Abandonnés par Pavelic, et menacés d'extermination par le bloc des Tchetniks et des forces italiennes, les Croates de Dalmatie s'associèrent à Tito. Deuxièmement: pour assurer la défense des Serbes dans les régions de Croatie occupées par les troupes allemandes, Mihaïlovic arriva avec les Allemands à un Pacte de «non-agression» et de «neutralité armée». Il appuya de cette manière l'action du Quisling de Belgrade, le général Nedic, et du métropolite Valérian, vicaire du patriarche orthodoxe serbe, qui demandèrent officiellement la protection de l'armée allemande en faveur de la minorité serbe dans l'État de Pavelic. Dans l'esprit de Mihaïlovic, cette tactique ne lui enlevait aucunement la possibilité de combattre les Allemands au moment du débarquement des Alliés. L'intervention et l'activité des partisans de Tito placèrent Mihaïlovic dans de nouvelles difficultés, «l'obligeant» à resserrer ses relations avec les Allemands. Ne pouvant pas seul liquider les forces des partisans et se sentant de ce chef menacé de trouver un rival dangereux au moment du débarquement allié, Mihaïlovic décida de commencer par détruire le communisme avec l'aide des Allemands. Dès ce moment, ses Tchetniks prirent une part active dans l'action des divisions allemandes contre les partisans de Tito. Restant fidèle à son plan stratégique d'avril 1941, Mihaïlovic pensait détruire ensuite les Allemands avec l'aide des Alliés et massacrer les musulmans, les Croates et les autres peuples non Serbes comme étant «traîtres à la Yougoslavie». C'est même dans cette période de la «neutralité armée» et de la collaboration active avec les Allemands contre les partisans communistes que Mihaïlovic, sous le prétexte de se défendre contre les Oustachis et d'éliminer les communistes, fit massacrer plus de 150000 musulmans du Sandjak et de la Bosnie orientale. Il ne put pas atteindre aussi facilement les Croates catholiques qui se trouvaient trop à l'Occident. Les musulmans s'étaient tout d'abord rangés du côté de Pavelic. Mais lorsqu'en 1943 on commença à entrevoir la défaite de l'Allemagne, ils eurent à choisir entre Tito et Mihaïlovic et passèrent alors en masse du côté de Tito, contribuant grandement à sa victoire définitive.

Cependant, comme nous l'avons, dit, le duel décisif entre Tito et Mihaïlovic s'était déroulé un an auparavant, en 1942, précisément parmi les orthodoxes serbes de Bosnie. Au début, la majorité des Serbes de Bosnie sympathisaient avec Mihaïlovic, en dépit du mécontentement contre les «spéculateurs de Belgrade» ressenti avant la guerre par un groupe de paysans serbes dans la partie de l'extrême Ouest de cette province.

Mais le programme panserbe et la tactique des massacres «biologiques» en masse isolait la minorité orthodoxe serbe en Bosnie, dispersée entre catholiques et musulmans et abandonnée ainsi aux représailles de Pavelic. Par contre, le programme de Tito, prêchant la suppression des luttes entre les diverses nationalités yougoslaves et la reconnaissance de leur égalité, permettait aux Serbes de Bosnie de mieux se défendre. Ce programme attirait en effet aux partisans des adhérents non seulement parmi les Serbes, mais aussi parmi les musulmans et les catholiques.

C'est ainsi que les Serbes de Bosnie, monarchistes et sympathisants de Mihaïlovic, passèrent du côté de Tito et devinrent même, avec les Monténégrins, en 1942-1945, le bastion de sa puissance. Sa seconde force fut les musulmans de Bosnie et les Croates de Dalmatie. Ainsi Tito a conquis le Monténégro, la Bosnie et la Dalmatie (de même la Slovénie) essentiellement par ses propres forces, mais les deux centres nationaux décisifs: Belgrade avec la Serbie d'un côté et Zagreb avec la Croatie de l'autre, n'ont été pris qu'à la fin de la guerre, grâce à l'aide militaire et à la pression directe des Russes et des Occidentaux.

La légende de la résistance de Mihaïlovic n'est qu'un misérable truc balkanique susceptible de tromper uniquement ceux qui veulent être trompés. Oui, les Tchetniks ont lutté, mais ils ont lutté contre les Oùstachis, contre les Croates et les musulmans en général, contre les partisans serbes et les autres, mais pas contre les forces d'occupation, sauf durant l'été 1941 et en Serbie seulement. Contre ces dernières, ils s'abstenaient après cette époque de tirer. Même les missions anglaises qui durant la guerre se trouvaient en Yougoslavie chez Mihaïlovic ne pouvaient pas comprendre les raisons lointaines de la passivité des «héros» du coup d'État du 27 mars 1941; elles ont dû constater ce fait sans ombre d'une équivoque (Voir entre autres: *Miss Fire, Chronicle of British Mission to Mihaïlovic 1943-1944*, par Jasper Rootham, London, 1946).

La résistance de Tito n'était pas seulement supérieure à celle de Mihaïlovic, mais l'unique résistance réelle contre les troupes d'Hitler et de Mussolini. Les meilleures traditions de la combattivité et de l'héroïsme serbes (et en partie aussi yougoslaves) se sont manifestées durant la dernière guerre, dans le Mouvement des Partisans de Tito. En affirmant cela, je ne veux nullement nier — et il faut au contraire le souligner — que ce mouvement recourait à la terreur, à la provocation et aux massacres contre les mouvements rivaux et contre la population, à l'instar des Tchetniks de Miliaïlovic et des Oustachis de Pavelic. En voici un exemple typique: au début, les Allemands avaient sans discrimination exercé des représailles contre la population paysanne à la suite de l'activité des partisans. Ils s'aperçurent plus tard qu'ils faisaient en réalité le jeu de ces derniers et changèrent radicalement de tactique, en demandant aux paysans de rester neutres. C'est alors que les partisans placèrent les paysans devant ce dilemme: ou vous serez avec nous, ou avec les Allemands. Les paysans optèrent pour Tito. Tel fut le «libre choix» des paysans qui contribua suffisamment à donner au Mouvement des Partisans le caractère d'une avalanche. On peut en général affirmer que les trois mouvements «activistes», partisans, tchetniks et oustachis, avaient la même mentalité et la même base humaine: celle des paysans montagnards, «dinariques»s de la Bosnie, du Monténégro, de la Dalmatie continentale et de la Lika (partie montagneuse de la Croatie sud-orientale). Le mouvement de Tito avait cependant une nette supériorité politique. C'est cette supériorité politique qui, dès le début, lui conféra un esprit combattif supérieur et lui assura la victoire finale.

Dans cette tragique période de l'histoire yougoslave, la division intérieure ne se manifesta pas sur la base de la nationalité et de la religion, mais sur les différences sociales et de civilisation.

Tandis que les bergers montagnards dinariques, croates et serbes, orthodoxes, catholiques et musulmans — et même quelques prêtres orthodoxes et quelques franciscains catholiques — étaient presque tous gagnés par la frénésie d'extermination mutuelle, les populations agricoles plus civilisées de la plaine pannonienne (entre la Save et la Drave et le long des deux rives du Danube), qu'elles fussent croates ou serbes, regardaient avec effroi les activités sanguinaires, pleines d'horreur et d'héroïsme barbares, de leurs frères montagnards. Mais au cours de la lutte elles furent également entraînées, de gré ou de force, dans la mêlée générale. Un souvenir: quand, en décembre 1941, avant d'avoir été-emprisonné par Pavelic, je traversais la Bosnie parmi les ruines et les massacres, parmi les échos des fusillades et des chants guerriers, j'avais l'impression d'être ramené plus de deux mille ans en arrière et de me trouver dans le camp homérique parmi les Grecs et les Troyens. On ne remarquait chez personne la peur de la mort, ni pour soi-même, ni pour les autres. Tous des héros, tous des assassins. Les Oustachis musulmans, projetés en l'air par les mines, ou abattus dans les embuscades des partisans, mouraient en ingurgitant leur café turc et en chantant les hymnes de Pavelic. Dans le camp d'extermination de Jasenovac, les jeunes filles partisanes, quand leur heure sonnait, allaient, calmes et fières, en rangs, au massacre, en entonnant les chants guerriers titistes: «Le jour de notre fête est arrivé, ô compagnes, les jeunes filles meurent en chantant!» Les massacreurs, déférents pour l'éthique primitive, respectaient réciproquement la fierté de leurs victimes. Achille ne finit-il pas, malgré sa fureur, par respecter la dignité d'Hector et de Priam? Tous des héros, tous des assassins, les combattants et les massacreurs, qu'ils fussent serbes, croates, catholiques, orthodoxes, musulmans.

D'après les statistiques officielles de Tito, la Yougoslavie a perdu, durant la dernière guerre, 1 700 000 vies humaines sur une population totale de 15 millions d'habitants. Mais, sur ce chiffre énorme de pertes, un nombre relativement restreint de morts doit être attribué à la lutte contre les armées d'Hitler et de Mussolini. La grande majorité des victimes est imputable aux massacres réciproques au cours de la guerre civile. Il en va de même des dommages matériels immenses subis par ce pays: les destructions des biens matériels furent bien davantage l'œuvre des partisans que celle des armées d'occupation ennemies ou des Oustachis et des Tchetniks. Les partisans appliquaient en effet implacablement la tactique de la «terre brûlée», afin d'affaiblir l'ennemi et leurs rivaux et de s'ouvrir ainsi plus facilement les voies du pouvoir.

Pour comprendre ces excès de la guerre civile en Yougoslavie, il faut prendre en considération le fait que, durant son existence comme État, ce pays a vécu dans le cauchemar de la guerre civile, à commencer par les premières exécutions des manifestants républicains de Zagreb le 5 décembre 1918. La dictature du roi Alexandre, instaurée le 6 janvier 1929, a inauguré l' «atmosphère du couteau». A cette époque déjà les Tchetniks formaient la milice terroriste de la dictature royale. Cet état de choses permet de comprendre l'horreur et la haine qu'avait soulevé dans une grande partie du pays, dès 1941, le mouvement de

Draza Mihaïlovic pour avoir donné à ses troupes le nom de Tchetniks. Ce nom seul sonnait comme une déclaration de guerre d'extermination de tous les peuples non serbes.

Vingt ans durant, les tenants du pouvoir de Belgrade alimentèrent avec une ferveur presque mystique le culte de la force brutale. Ce furent eux qui ridiculisèrent le pacifisme de Radic, dont les réunions, au lieu de s'ouvrir dans le crépitement excitant des coups de fusil, débutaient au son des «tambourice» (guitares populaires croates) et se terminaient quelquefois par des prières. L'esprit de violence atteignit au paroxysme avec l'assassinat de Radic à Belgrade à la Chambre des Députés, en pleine séance, en juin 1928. Assassinat organisé par le Roi, par le Président du Conseil d'alors, et même par le Président de la Chambre, dont la garde s'était muée, en la circonstance, en garde d'honneur du meurtrier, qui quitta la Chambre sans être inquiété par qui que ce soit.

Dans les milieux bien informés des dessous de ce complot prémédité on affirme, en effet, que la Garde de la Chambre avait pour mission de massacrer tous les députés croates au premier coup de revolver qu'ils auraient tiré pour se défendre. Mais ces «imbéciles de Croates», ramollis par l'occidentalisme, n'avaient pas d'armes et ils ne réagirent pas aux coups de revolver tirés par le député gouvernemental serbe, P. Racic. La Garde de la Chambre en fut déconcertée. Quant aux conspirateurs, ils ne purent réaliser leur plan intégral.

L'assassinat de Radic, suivi de la dictature du roi Alexandre, a cependant suscité chez les Croates le goût de la violence, des bombes et du couteau, qui était déjà familier aux Croates montagnards, mais ne s'était jamais encore révélé sur la scène de la vie publique croate. Celle-ci était traditionnellement dirigée par les Croates pannoniens et en partie méditerranéens, dont Stéphan Radic fut le dernier grand leader.

A côté de Macek, successeur pannonien de Radic, apparut en 1929 à l'horizon de la vie politique Pavelic, représentant des Croates dinariques, c'est-à-dire des bergers montagnards. L'assassinat de Radic ayant été considéré par les Serbes comme une œuvre «nationale», celui du roi Alexandre par Pavelic, avec l'aide des Macédoniens, fut également ressenti par les Croates comme leur œuvre «nationale». Le régime de Tito lui-même, malgré sa propagande et les innombrables procès qu'il intenta aux Oustachis, n'a jamais englobé cet assassinat du roi Alexandre dans les crimes, réels ou fictifs, qu'il leur a imputés.

C'est ainsi que pendant vingt-trois ans fut entretenue une atmosphère propice aux massacres de 1941. Ceux qui désireraient juger objectivement ces massacres (et la guerre civile yougoslave en général), en se basant uniquement sur les événements survenus en 1941 et après, ne pourraient en réalité les expliquer, à moins de falsifier intentionnellement leur signification historique.

Pavelic était le fruit de la politique du roi Alexandre et de Mihaïlovic, et... son contrepoids. Tous les trois se ressemblaient comme des frères. Autant leurs buts étaient opposés, autant leurs points de départ et leurs méthodes étaient identiques.

L'équilibre des forces opposées des vieux nationalismes permit à Tito de prendre en main, de l'intérieur, les destinées des peuples yougoslaves.

Pour Tito, les difficultés commencèrent lorsque, après ses victoires, il dut passer des promesses et des déclarations aux actes, à la réalisation de l'égalité nationale et religieuse. Malheureusement, c'est précisément sur ce terrain que Tito a fait peu de progrès réels, malgré son fédéralisme formel.

La splendide révolte de Tito contre Moscou ne saurait combler cette carence. Au contraire, le conflit a ravivé les antagonismes internes en ouvrant, sur ce terrain également, une véritable crise de l'État.

III

LE JEU DE MOSCOU

DANS

LA TOURMENTE BALKANIQUE

LES OSCILLATIONS DU PARTI
COMMUNISTE YOUGOSLAVE

A l'étranger on ne se rend pas encore compte de la profondeur des antagonismes nationaux et religieux qui couvent à nouveau en Yougoslavie et dans les Balkans. Pourtant on connaît bien la résurrection de ces divergences sous leurs différents aspects.

1° L'aspect national du conflit Belgrade-Moscou (indépendance nationale ou soumission à l'impérialisme de Moscou);

2° Le caractère nettement national du conflit Belgrade-Sofia (hégémonie serbe dans les Balkans et en Macédoine, ou condominium serbo-bulgare dans les Balkans et prédominance bulgare en Macédoine);

3° Le caractère national et religieux du «cas Stepinac»: aspect anticroate et anticatholique d'une action juridique fausse en elle-même et arbitraire, puisque Stepinac avait été l'ennemi déclaré de l'activité inhumaine et antichrétienne de Pavelic; et enfin le cas non moins national des trois ministères serbes du gouvernement local de la Croatie (l'année dernière, ils se déclarèrent partisans du Kominform en arguant que seule l'union avec Moscou, même sous une forme vassale, pourrait assurer aux Serbes et aux orthodoxes le degré d'influence et de domination qu'ils exerçaient à l'égard des catholiques et des Croates dans la République de Croatie jusqu'à l'éclosion du conflit Tito-Moscou).

Cette grave situation interne yougoslave et balkanique, qui renferme pour demain une menace directe de nouveaux massacres à caractère national et religieux, est en grande partie d'origine moscovite, fruit d'une ancienne et néfaste tactique de division des maîtres du Komintern. En effet, les intérêts de l'État soviétique, selon les conceptions du Polit-bureau, avaient depuis longtemps conféré au jeu communiste un aspect particulier parmi les peuples yougoslaves et balkaniques. Ce jeu consistait à soutenir tantôt un chauvinisme nationaliste, tantôt un autre, pour aboutir à diviser ces peuples et aggraver leurs relations mutuelles. Les volte-face du Parti Communiste italien dans la question de Trieste sont aussi un exemple de ce jeu moscovite. Les interminables revirements communistes dans le différend franco-allemand de la Paix de Brest-Litovsk jusqu'au dernier Festival mondial de la jeunesse «pacifique» à Berlin-Est sont l'expression classique de cette «dialectique».

C'est en 1925-1926 que j'avais pour la première fois remarqué dans la conduite de la politique communiste en Yougoslavie qu'on allait «trop loin» dans l'exploitation des luttes nationales en vue d'une victoire communiste; ce fut quand le bras droit de Pavelic, Mile Budak (pendu par Tito en 1945), fut choisi à Zagreb comme avocat du Parti Communiste. J'avais protesté contre un pareil choix.

Étant déjà en Russie en 1927-1928, je me suis aperçu que Moscou soutenait et excitait systématiquement tous les nationalismes et chauvinismes antiserbes, y compris le chauvinisme croate. Bien qu'étant croate et théoricien du Parti Communiste Yougoslave contre l'hégémonie serbe, dans les années 1923-1925, je me suis ouvertement opposé à ce jeu pro-chauvin du machiavélisme stalinien, comprenant fort bien qu'en fin de compte les Croates et les non-Serbes seraient, aussi bien que les Serbes, victimes de ce jeu et qu'avec de telles méthodes on ne pouvait pas atteindre le but proclamé: la coopération fraternelle et égalitaire des peuples yougoslaves et balkaniques. Je crois que je n'ai pas à regretter cette opposition, qui fut une des raisons de mon emprisonnement en Russie. [Voir, dans mon premier volume sur la Russie[1], le chapitre: «Le Komintern en Yougoslavie».]

Pour comprendre les affaires yougoslaves, il faut ajouter que Staline, plus tard, fit le jeu du chauvinisme serbe contre ses rivaux et ses victimes croates, bulgares, etc...

Après la première guerre mondiale et pendant quinze ans, l'ennemi numéro un de Moscou dans les Balkans fut le régime panserbe de Belgrade, à cette époque l'allié et l'instrument de son principal ennemi en Europe et dans le monde: «l'impérialisme franco-britannique».

A partir de 1933, et surtout à partir de 1936, les ennemis de Moscou changèrent, mais ses méthodes restèrent les mêmes, tout en prenant l'ampleur «diabolique» qui caractérise la contribution de Staline au vieux bolchevisme.

Quand Hitler, qui menaçait les «créations de Versailles» (y compris la Yougoslavie panserbe), devint à son tour son ennemi numéro un, Staline fit alors du nationalisme et du

---

1 *Dix ans derrière le rideau de fer,* t. I: *Au pays du mensonge décon certant* («Les Îles d'Or», Plon).

chauvinisme serbes son principal allié dans les Balkans. Il mit tout en œuvre pour gonfler ce nationalisme, en lui subordonnant non seulement le Parti Communiste Yougoslave, mais les autres partis communistes balkaniques. La Grande Serbie était depuis 1936 la carte de Staline, qui la joua magistralement. Belgrade, ses cercles les plus nationalistes, les plus militaristes et les plus fervents de la dictature du feu du roi Alexandre, et aussi les plus zélés orthodoxes, avec le patriarche en tête, tombèrent en délire: «la Russie, Staline sont avec nous, la Russie devient de nouveau nationaliste, slave, orthodoxe!»

Avec les «A bas Hitler; à bas Mussolini», «A bas les Croates; à bas Matchek», «A bas les catholiques; à bas

Le Vatican», les désirs les plus effrénés, les plus chauvins du panserbisme et de l'orthodoxie byzantine s'entremêlèrent dans une confusion fantastique. Dans nos bouches balkaniques ils signifiaient autant de menaces de violence. On oubliait volontairement à Belgrade les Bulgares orthodoxes et on ne pensait plus alors à Pavelic qui, pendant ce temps, étudiait l'histoire et la «technique» des massacres des Arméniens par les Turcs... Des deux côtés, on brandissait les couteaux. Staline pouvait se frotter les mains: ses disciples allaient devenir le troisième larron. Un million de futures victimes des massacres entre Serbes et Croates n'était-il pas un prix digne du Grand Chef pour anéantir les gouvernements pro-hitlériens de Belgrade et pour ouvrir les voies du pouvoir au communisme? Chacun a ses méthodes... «Alexandre le Grand n'a pas réussi à créer un empire parce qu'il ne savait pas utiliser les questions nationales. Nous réussirons, parce que nous le savons», avait l'habitude de dire Staline à ses intimes. J'en ai eu l'écho dans les cercles dirigeants soviétiques, il y a vingt ans de cela, alors qu'aux étrangers et aux esprits superficiels il semblait que Staline ne pensait qu'au «socialisme dans un seul pays».

Le communisme conquit ainsi le pouvoir en Yougoslavie sur le tremplin politique local panserbe, c'est-à-dire anticroate, antialbanais, antibulgare. Les manœuvres et les diversions ne firent pas défaut pour atténuer et camoufler ce fait essentiel qui cependant demeure.

Dans une troisième période de sa politique dans les Balkans, qui se situe après 1944, Staline fit du nationalisme bulgare sa mise principale. Ce fait eut pour conséquence positive dans la politique yougoslave et mondiale la révolte de Tito contre Moscou. Mais, par contre, il a créé dans la vie politique intérieure une situation impossible, tragique, qui aujourd'hui prive la Yougoslavie — comme jadis le roi Alexandre, Cvetkovic et Simovic — d'une base solide pour son activité générale.

Un pays divisé en deux parties de forces égales, prêtes à se jeter l'une contre l'autre à la première occasion favorable, n'est pas en mesure de conduire une politique extérieure efficace.

La clef de l'énigme titiste réside dans ce malaise intérieur organique, congénital.

Examinons-le d'un peu plus près.

Les difficultés intérieures de la Yougoslavie proviennent, d'une part, des initiatives moscovites et, d'autre part, des conditions intérieures particulières. En grand stratège, Staline cherche toujours à atteindre plusieurs buts par une seule action. C'est ainsi que son Pacte avec Hitler devait tout d'abord renforcer les Allemands et les pousser à la guerre, dans laquelle cependant plus tard les deux adversaires allaient, selon leurs calculs, s'épuiser pour le seul profit de la Russie. Staline, au fond, est un provocateur génial qui rend à l'humanité les services que Méphistophélès rendit à

Faust. C'est son plus fort atout. En ce moment, en Corée, il joue en même temps contre les Américains et contre les Chinois. En face de cette manœuvre subtile, Mac Arthur n'était qu'un vaillant général colonial de la fin du XIXe siècle, qui faisait politiquement la guerre dans le style classique employé jadis contre les Boxers...

Un autre trait caractéristique de la politique de Staline, c'est d'encadrer solidement les luttes locales dans sa stratégie mondiale. Sur le plan mondial, Staline, en faisant entrer la Russie à la Société des Nations, en 1934, avait renversé sa politique, passant du jeu de la lutte contre le «statu quo européen» au jeu opposé de sa conservation. Il était par conséquent parfaitement naturel, de son point de vue, qu'il changeât également complètement son action en Yougoslavie. Il imposa donc la «défense de la Yougoslavie» panserbe au Parti Communiste Yougoslave, qui, depuis des années, luttait pour sa destruction. On promettait aux peuples opprimés par les Serbes la liquidation de l'hégémonie serbe dans un avenir imprécis, et quand éclata la guerre on reporta cette promesse après la victoire sur Hitler. Staline pensa pouvoir de cette façon inclure dans son jeu balkanique les aspirations antagonistes de ces peuples, en se réservant le rôle d'arbitre à la fin de la guerre. Plus encore que Hitler, Tito déçut les espérances de Staline. Même les machiavélistes connaissent les déconvenues.

Formellement accepté par le Parti Communiste Yougoslave, le plan de Staline fut pratiquement bouleversé de tous côtés. Les communistes serbes, monténégrins et slovènes, dont les intérêts nationaux cadraient momentanément avec le plan stalinien, l'acceptèrent.

Les communistes croates, macédoniens et bulgares, victimes du statu quo, le refusèrent et le sabotèrent.

C'est de ces divergences internes du Parti Communiste que surgissent à nouveau les vieux contrastes nationaux qui constituent la grave faiblesse du nouvel État yougoslave. D'autre part, Tito commença de créer l'État communiste avant l'arrivée de l'Armée Rouge, et ce fait fut le point initial du futur conflit avec la Russie.

Les Serbes, les Slovènes, et jusqu'à un certain point les Monténégrins, qu'ils soient communistes ou non, acceptèrent avec ferveur et enthousiasme la consigne de la «défense de l'État». Dans leur esprit, surtout chez les Serbes, la défense contre Hitler se confondait avec la conservation de leur hégémonie intérieure.

Dans ses conditions, Tito a pu, en automne 1938, offrir publiquement, au nom du Comité Central du Parti Communiste Yougoslave, un front uni au général Zivkovic, le fameux chef du gouvernement dictatorial du roi Alexandre.

Les communistes croates furent les premiers à refuser un tel bloc avec les représentants les plus typiques de l'oppression panserbe et à repousser en général, de 1936 à 1939, le mot d'ordre de la «défense de l'État», de cet État qui, pour eux, était une véritable prison, aussi bien au point de vue national qu'au point de vue social.

Pour mettre enfin de l'ordre dans la maison, Tito procéda en 1939 à une première épuration parmi les dirigeants du Parti Communiste de la Croatie, dont furent victimes Ivan Krndelj, B. Adzija et Josip Kras. Les deux premiers furent fusillés par Paveiic en août 1941, le troisième tomba au cours de la guerre partisane. Tito mit à la tête de ce parti une nouvelle direction, avec, comme secrétaire, un Serbe, Rade Koncar, qui périt au début de l'occupation germano-italienne.

De 1942 à 1944, l'organisation communiste en Croatie, sous la conduite de Andrija Hebrang, s'était à nouveau trouvée en opposition avec le Politbureau yougoslave, l'accusant de restaurer dans les «Territoires Libérés» l'ancienne prédominance des Serbes. C'est uniquement avec une nouvelle épuration que Tito réussit à plier les communistes croates à la volonté de Belgrade. Ces faits ont été rendus publics à la suite du conflit de Tito avec le Kominform et sont par conséquent incontestables. En 1945, Hebrang sollicita l'appui de Moscou contre Belgrade et devint en 1948 kominformiste contre Tito. Les observateurs de la politique jougoslave ne peuvent pas ne pas être frappés par la position personnelle de Tito: tout en étant d'origine croate, il se sépara, comme nous l'avons vu, des communistes croates dans chaque action politique purement nationale, et suivit les directives de Moscou et l'attitude tactique locale des communistes serbes. Cette étroite union de Tito avec les Serbes resta sans fêlure jusqu'au conflit avec Moscou, quand il inaugura sa nouvelle politique pro-occidentale, qui fut suivie avec grande hésitation par les Serbes. Sans doute, dans ce domaine, l'avenir nous réserve-t-il d'autres surprises.

Le conflit entre les communistes macédoniens et le Comité Central du Parti Communiste Yougoslave éclata après celui avec les communistes croates, mais il était plus grave.

Au mot d'ordre de Staline: «Défense de l'État», ils ne s'opposèrent pas ouvertement, se limitant à un sabotage silencieux, comme on a pu le constater dans les communications officielles ultérieures du Parti Communiste Yougoslave. Après la désagrégation de la Yougoslavie, en avril 1941, la section communiste de Macédoine décida de quitter le Parti Communiste Yougoslave et d'entrer dans le Parti Communiste Bulgare. Ce dernier, sous la direction de Traïtcho Kostov, sanctionna l'adhésion de l'organisation communiste macédonienne au Parti Communiste Bulgare. Toutes les protestations de Tito restèrent vaines, et ce que les communistes de Belgrade nommaient «occupation bulgare de la Macédoine», les communistes macédoniens le désignaient par «libération de la Macédoine du joug serbe». Impuissant, devant ce refus macédonien, le Parti Communiste Yougoslave fit appel à Moscou, qui, se basant sur le principe que dans cette période il fallait respecter le «statu quo», obligea le Parti Communiste Bulgare à se séparer de l'organisation macédonienne et cette dernière à réintégrer le Parti Communiste Yougoslave. Tito fut autorisé par Moscou à procéder à une petite épuration: l'ancienne direction du parti macédonien, qui était dirigée par Metodi Chatorov, dit «Charles», fut remaniée, et Chatorov quitta la Macédoine pour continuer son activité en Bulgarie. Tito nomma alors une nouvelle direction plus docile à Belgrade, ayant à sa tête Lazar Kolichevski.

Pourtant les pouvoirs de Belgrade sur l'organisation communiste macédonienne furent limités, car à côté du représentant du Comité Central du Parti Communiste Yougoslave Moscou ordonna la présence à Skopié d'un représentant du Comité Central du Parti Communiste Bulgare. En Macédoine fut alors instauré une sorte de condominium serbo-bulgare, à la différence de ce qui se produisit en Croatie, dont l'organisation communiste fut totalement soumise aux directives du Parti de Belgrade.

Ces procédés envers les communistes croates et macédoniens eurent des conséquences extrêmement importantes sur le caractère national du Parti Communiste Yougoslave: jusqu'à cette époque, les communistes de toutes les nationalités avaient contribué à donner au Parti une empreinte *yougoslave*, du moins jusqu'à un certain point. Ce furent même les communistes croates qui prédominèrent dans certaines périodes. Pendant plusieurs années, le siège du Parti était passé de Belgrade à Zagreb, et l'organisation locale de Zagreb constituait, entre 1924 et 1934, la seule grande organisation communiste dans le pays. Le Parti était, dans un certain sens, croatisé. Depuis, au contraire, le Parti a acquis une empreinte spécifiquement serbe, avec la participation de deux petits groupes, monténégrin et slovène, qui acceptèrent le mot d'ordre panserbe de la «défense de l'État». Ce mot d'ordre entraîna plus tard dans la guerre civile, en premier lieu les Serbes et les Monténégrins, qui formèrent l'élément de base du mouvement des partisans.

Aux yeux des Serbes, la lutte pour la nouvelle Yougoslavie était non seulement dirigée contre Hitler et Mussolini, mais aussi contre les Croates et les Bulgares, pour une Yougoslavie à prédominance serbe. Opération d'autant plus facile que l'action pour la nouvelle Yougoslavie était la continuation de la défense de l'*ancienne*... Dans leur esprit, la deuxième Yougoslavie se présentait officiellement comme *l'héritière* de la première Yougoslavie et non comme sa négation. Le Parti Communiste Yougoslave devint ainsi un parti national et nationaliste serbe. Il ne restait plus aux communistes non serbes que de devenir des collaborateurs ou des subordonnés[2].

Je dois reconnaître que, pendant un certain temps, j'ai cru que cette *phase serbe* du Parti serait provisoire comme le fut la *phase croate* dans le passé. Pendant la guerre civile en Yougoslavie, je m'imaginais encore que Moscou resterait maître de son jeu avec le nationalisme serbe, comme autre-

---

2 Il résulte d'un récent discours de Mosa Pijadé (Politika, 25 mai 1951) qu'un groupe de communistes monténégrins, ayant en tête Petko Miletic, avait, en 1936-1937, aus si, refusé la formule panserbe de la «défense de l'État». Cet «ultra-gauchiste», d'après Pijadé, fut peu après liquidé. (N.de l'A.)

fois il resta maître dans le jeu avec le nationalisme croate. L'expérience a démontré que le renversement des positions de Moscou était, cette fois-ci, plus profond. Étant donné que la phase serbe est liée à l'existence d'un État, d'une force matérielle, d'une société entière, la *tactique* s'est transformée maintenant en *stratégie* et le *moyen* est devenu le *but*. Le Parti manifeste cette fois-ci plus de dureté envers les oppositions internes, croates et macédoniennes, qu'il n'en témoigna jadis à l'égard de l'opposition serbe de Sima Markovic (1923-1926), Il entre enfin en conflit direct avec Moscou.

Dans tout ceci, il ne faut pas oublier que le Parti Communiste professait encore théoriquement la suppression de l'hégémonie serbe et la réalisation de la Fédération yougoslave sur la base de l'égalité nationale de tous les peuples balkaniques.

En regard des programmes d'anéantissement mutuel total de Mihaïlovic et Pavelic — qui, d'ailleurs, ne réussirent pas à les réaliser — ce programme communiste d'un fédéralisme, en principe égalitaire, quoique pratiquement imbu de l'hégémonie serbe, représentait du moins une trève, une solution provisoire d'une situation qui apparaissait sans issue.

Dans la question la plus tragique, celle des massacres, la différence était importante dans une certaine mesure: tandis que Pavelic et Mihaïlovic pratiquaient les massacres «biologiques-totaux», Tito procédait «uniquement» aux massacres «politiques», c'est-à-dire de la population masculine adulte qu'il considérait hostile. Ces tendances et ces forces contradictoires ont instauré au sein de la nouvelle Yougoslavie une suprématie serbe, d'un type spécial. Un équilibre obtenu par la force et la peur dominait les rancœurs et les contrastes jusqu'à ce que le conflit avec Moscou ait opéré un déplacement des forces et fait surgir d'autres espérances, d'autres activités. C'est alors que les faiblesses intérieures devinrent plus évidentes et plus menaçantes.

IV

LE PLUS GRAND DANGER:
LES DIVISIONS INTÉRIEURES

Tout comme dans l'ancienne Yougoslavie, il y a, actuellement, dans ce pays, trois centres névralgiques: Croatie-Bosnie; Kossovo-Metohia; Macédoine.

a. *Le conflit serbo-croate.*

Le premier de ces trois centres est d'une importance primordiale pour l'existence même de la Yougoslavie, car un État n'englobant pas les Croates et les Serbes à la fois perdrait le caractère d'une communauté yougoslave.

Dans la République Fédérale Croate, on a *de facto* instauré la domination serbe avec les trois procédés suivants: 1° il est précisé dans la «Déclaration des Droits constitutionnels du Peuple de la Croatie démocratique» du 8 mai 1944, déclaration confirmée ensuite par la Constitution de cette République, qu'en Croatie la minorité serbe (représentant 14 p. 100 de la population de la République, d'après le recensement de Tito de 1948) ne doit pas être considérée comme une «minorité nationale», mais comme une nation à «égalité totale» avec la nation croate. Cet acte constitutionnel, étant par lui-même profondément antidémocratique, crée une situation de privilège, voire de domination, en faveur d'une minorité. Il crée en même temps une situation d'infériorité pour la majorité de la population car, en fait, elle supprime la souveraineté du peuple croate, dans son propre pays, tout en la reconnaissant verbalement. Pour donner tout son sens à cette disposition constitutionnelle, il est expressément souligné dans la Constitution de la République croate que «l'ordre politique et social en Croatie est garanti par la République Fédérative Populaire de la Yougoslavie», ce qui veut dire par le pouvoir central de Belgrade. Celui qui garantit est le vrai souverain.

2° Avec l'appui du pouvoir central, on assure à la minorité serbe dans la vie politique et sociale de ce pays des positions de commandement qui sont en flagrante disproportion avec sa puissance réelle.

3° Pour les postes les plus hauts de la République Croate, on choisit les Croates qui acceptent de se soumettre à la politique générale panserbe; ce sont, par conséquent, de vrais Quisling croates. Par le truchement du Parti Communiste — parti unique et, comme nous l'avons vu, serbisé — on possède ainsi un mécanisme approprié pour choisir les dirigeants et procéder aux épurations nécessaires.

Un exemple: au cours du IIe Congrès du Parti Communiste de Croatie, en novembre 1948, dans son rapport sur «L'Édification du pouvoir populaire et de l'économie socialiste», le représentant serbe, Dusan Brkic, s'est borné à caractériser l'appareil de l'État de l'ancienne Yougoslavie par cette seule définition: «une arme dans les mains de la bourgeoisie pour dominer les masses yougoslaves populaires». Il s'est gardé de mentionner l'autre caractéristique bien connue de l'appareil de l'État de l'ancienne Yougoslavie, c'est-à-dire l'oppression nationale exercée sur les Croates, les Macédoniens et les Albanais dans l'intérêt de l'hégémonie serbe dans l'État. Ceci peut faire comprendre, même à un étranger, l'état d'humiliation et d'infériorité dans lequel se trouvait le Croate Bakaric— nominalement secrétaire du Parti Communiste et chef du Gouvernement en Croatie — quand il a dû «avaler» une pareille tirade et donner son approbation à ce rapport en vue du Congrès de son parti. Il ne pouvait s'agir d'une improvisation, car le rapport avait dû être approuvé préalablement par la direction du Parti Communiste de Croatie.

Si la situation en Croatie est profondément anormale et grave, elle est, en Bosnie, grotesquement tragique. Les Serbes sont, en Bosnie, beaucoup plus nombreux qu'en Croatie: ils représentent 44 p. 100 de la population totale de cette contrée. Il est vrai qu'un certain nombre de facteurs diminuent le poids de cette force numérique. Les Serbes de Bosnie ne sont pas concentrés dans la partie limitrophe à la Serbie (où la majorité de la population est musulmane), mais dans la partie nord-ouest, qui est la plus éloignée de la Serbie. Dans les vallées des fleuves Bosnie et Narentha, qui constituent, avec les deux capitales: Sarajevo et Mostar, le noyau historique de cette province, les Serbes représentent moins d'un tiers de la population; dans les vingt-cinq villes et bourgs de Bosnie ayant plus de 3 000 habitants, les Serbes sont en majorité dans une seule ville (Trebinje), les musulmans sont en majorité dans vingt et une villes et les catholiques dans trois (recensement de 1921). Cette répartition défavorable de l'élément serbe en Bosnie est due au fait que celui-ci s'y établit le dernier comme un élément soumis, tandis que les musulmans et les catholiques constituaient la population autochtone. Ce furent les Turcs qui amenèrent ici les Serbes orthodoxes en les établissant comme une milice auxiliaire irrégulière de l'armée turque, principalement dans le nord-ouest de la

Bosnie, où l'état de guerre avec l'empire des Habsbourg était chronique. D'autre part, le fait que la majorité non serbe de la Bosnie est divisée en deux groupes religieux, musulman et catholique, renforce la position serbe, crée au groupe orthodoxe la situation de la majorité relative, ce qui lui a permis, avec l'aide de Belgrade, le jeu stérile du *Divide et impera*, transformant ainsi la Bosnie en une deuxième Macédoine.

La population serbe de Bosnie est un élément paysan et guerrier, une race saine et alerte, et il serait juste qu'elle ait, dans la vie du pays, une influence importante. Si même son influence dépassait un peu sa force réelle et numérique, un fait semblable, dans les circonstances présentes, serait explicable et tolérable. La réalité est tout autre: l'élément serbe s'est approprié le monopole du pouvoir politique. Tous les principaux leviers de commande, soit dans le Parti Communiste, soit dans l'État, sont dans les mains des orthodoxes, des Serbes. Au sein du Parti Communiste de Bosnie et aux postes les plus élevés de cette République, qu'ils ont obtenus par son truchement, les orthodoxes forment une vraie caste fermée: une espèce de bramines locaux. Le grotesque de cet état de choses ressort surtout de ce que cet exclusivisme national et religieux se manifeste précisément dans le cadre d'un parti communiste.

Aux musulmans (qui représentent 31 p. 100 de la population), on accorde des postes de second ordre. Du côté serbe, on considère ce traitement comme une concession que les musulmans de Bosnie sont censés mériter au prix de leur éloignement de plus en plus accentué des Croates, des catholiques.

Les musulmans de Bosnie sont un groupement slave qui, au moyen âge, professait l'hérésie patarine (les Bogomils) et qui, à l'arrivée des Turcs, passa à l'Islam. La formation de leur conscience nationale se trouve chez eux à un stade avancé, quoique non encore terminé. A en juger par leur origine et par le développement actuel de leur conscience nationale, ils sont plus proches des Croates. Dans le gouvernement de Pavelic, leurs représentants occupaient des postes de premier plan. Tito également, pour les attirer, prit dans son premier gouvernement, en 1943, le colonel musulman Filipovic, qui avait servi dans l'armée de Pavelic et qui passa, ensuite, avec son unité, du côté des partisans. Naturellement, après la victoire, il fut éloigné; des postes secondaires furent confiés aux musulmans communistes ou pro-serbes.

Quant aux Croates catholiques de Bosnie (qui représentent 24 p. 100 de la population), on les tient complètement à l'écart de tout poste important. Quel contraste avec la situation faite aux Serbes de Croatie, qui représentent seulement 14 p. 100 de la population! Les rapports culturels de la Bosnie sont canalisés uniquement en direction de Belgrade. On élimine les dénominations particulières croates,, comme étant d'origine «autrichienne», et on les remplace par des dénominations de la Serbie. Zagreb, la capitale croate, est mise au ban et, pour bien faire comprendre cela aux musulmans, on a détruit, en 1947, la grande mosquée de Zagreb.

Une comparaison entre les Congrès du Parti Communiste en Croatie et en Bosnie fait nettement ressortir cette situation.

La minorité serbe en Croatie a toujours un de ses représentants parmi les deux ou trois principaux rapporteurs du Congrès. Pour montrer comment on respecte dans la nouvelle Yougoslavie «l'égalité des peuples», on souligne, dans les statistiques, le pourcentage élevé des Serbes représentés au Congrès et dans les organes de direction du Parti

Communiste de Croatie. Au Congrès de Bosnie, on ne mentionne pas les statistiques de ce genre et le déroulement du Congrès se charge d'illustrer la situation: les rapporteurs sont tous des Serbes orthodoxes, ainsi que les principaux orateurs. Le peuple de Bosnie ne doit voir sur la scène que les orthodoxes. On fait ainsi, sans le proclamer, comprendre qui est le maître. On affirme, au contraire, malgré cette situation anormale: «Chez nous, le problème nationalest résolu.» Celui qui se permettrait de demander la moindre altération se verrait traiter de contrerévolutionnaire qui «cherche à rallumer les conflits nationaux».

Afin de ne pas mentionner l'existence de la nationalité croate, on a choisi dans la Constitution de la Bosnie la vague formule: «toutes les nationalités sont égales en droits». Pourtant, dans ce pays, il n'y a que deux nationatilés: serbe et croate. Cependant, dans la Constitution de la République de Croatie, après la mention, à l'article 1, de son nom, on lit, à l'article 2: «avec le peuple serbe de Croatie...». Dans la Constitution de Bosnie, la position des musulmans sur le plan national est passée complètement sous silence, pour rendre possibles toutes les pressions et tous les chantages à leur égard[3]. L'attitude partiale de

---

3 Le fait que malgré toutes les pressions seulement 72 008 de musulmans bosniaques (parmi les 885 691) se sont déclarés de nationalité serbe représente une donnée capitale dans l'histoire politique de la Bosnie, un vrai verdict politique contre toutes les prétentions grand-serbes. (Dans les recensements de 1921 et de 1931, on n'avait qu une seule rubrique indifférenciée: «Serbes et Croates» de manière à pouvoir traiter après comme «Serbes» les musulmans et même les catholiques des régions mixtes.) La tragique expérience des massacres 1941-1945, lesquels ont, toujours, eu lieu entre les musulmans et les catholiques d'un côté et les orthodoxes de l'autre, mais jamais dans aucun cas entre musulmans et catholiques, — fait que ce résultat du recensement de 1948 ne peut étonner aucune personne informée et de bonne foi.

    Mais, pour éviter que la masse des musulmans ne se déclare pour la nationalité croate, on a adopté cette fois de nouveaux moyens: ceux-ci consistent à traiter les Croates-musulmans à peu près comme des «oustachis-criminels de guerre», et à créer, d'autre part, une catégorie, artificielle et équivoque, de musulmans «sans nationalité déclarée» (l'équivalent de l'équivoque précédente: «Serbes et Croates», indifférenciés).

    Dans le «plan» nationaliste serbe, cette catégorie signifie le purgatoire pour les

la nouvelle Yougoslavie à l'égard des musulmans ressort également du destin réservé au Sandjak Novi Bazar, région musulmane qui faisait partie de la Bosnie jusqu'à 1878. Comme en 1913, après la première guerre balkanique, cette région a été à nouveau, de la part de Tito, partagée entre la Serbie et le Monténégro. Par contre, on a détaché de des forces prouve que la Yougoslavie ne peut exister que sur la base d'un accord réel et égalitaire entre les Croates et les Serbes. Faute de quoi elle est destinée à s'écrouler au premier choc. Cette situation n'est pas modifiée dans son

---

musulmans qui refusent aujourd'hui la nationalité serbe, avec l'espoir qu'ils l'accepteront demain après une nouvelle «rééducation». Les musulmans eux-mêmes, ne voulant se déclarer en aucun cas comme Serbes et voyant le danger de se déclarer ouvertement comme Croates, ont accepté en masse (778 382 sur 885 691) cette issue équivoque comme une échappatoire provisoire. Naturellement, de semblables humiliations, pratiquées aussi sous le roi Alexandre, pèsent lourdement sur l'âme des musulmans bosniaques; il n'est donc pas étonnant que, dans les situations désespérées où se trouvèrent les Serbes, ils se révélèrent comme leurs adversaires les plus acharnés. Les conditions existant actuellement en Bosnie — et qui sont également celles du recensement de 1948 — prouvent que ce groupe de musulmans «sans nationalité déclarée» est, au fond, un groupe croate, en tout cas pro-croate, et qu'il serait contraire à la réalité de le traiter comme étant aussi éloigné des Croates que des Serbes. Le plus inattendu dans cette situation, c'est que 25 301 musulmans ont osé se déclarer ouvertement comme Croates. Il s'agit probablement des districts purement catholico-musulmans du Sud-Ouest de la Bosnie-Herzégovine — officiellement on n'a publié que des chiffres globaux — où la pression serbe sur les musulmans est évidemment moins grave, ce qui rend une pareille «anomalie» possible. L'équivoque qui se produit avec les musulmans bosniaques n'est pas la seule à relever dans le recensement de 1948. On a introduit la-même fraude, sous une autre forme, avec les Al banais de Kossovo-Metohia et de la Macédoine: on ne les a pas recensés comme «Albanais», mais comme une nouvelle nation: les «Chiptars», en utilisant à cette fin la forme locale et dialectale du nom national «Squipetars». En conséquence, en Albanie vivaient les «Albanais» — on se sert toujours précisément de ce terme — et «chez nous» les «Chiptars» — on se sert avec soin, en serbe, comme dans les langues étrangères, de ce nouveau terme. Si Moscou a pu créer, à côté des Finlandais et des Roumains, de nouvelles nations: «carélienne» et «moldavane», pourquoi Belgrade doit-il rester en arrière et ne pas créer, à côté de la nation albanaise, celle des «Chiptars»? C'est la manière la plus simple de masquer l'annexion arbitraire — par Pasic, en 1912-1913 — des régions purement albanaises.

Il faut aussi mentionner le cas de la «Voïvodine». Les résultats du recensement de 1943 révèlent, malgré tout, une composition nationale tellementmixte qu'elle ne justifie pas l'annexion de cette région à la Serbie, mêmesous la forme d'une région autonome. D'après sa composition nationale, la Voïvodine devrait, comme la Bosnie-Herzégovine, constituer une République particulière. Naturellement, avec une égalité réelle et non seulement verbale des différentes nationalités. (N. de l'A.)

essence du fait que 1 700 000 autres Serbes se trouvent, très dispersés, parmi les catholiques et les musulmans. La majeure partie d'entre eux se trouvent assez loin de la Serbie, à la frontière nord-ouest de la Bosnie et de la Croatie sud-orientale.

Aucun jeu de statistique (le plus récent est celui du journal *Borba* du 5 octobre et du 7 octobre 1950), aucune combinaison «tactique», aussi bien en politique intérieure qu'en politique extérieure, ne peut changer ces données stratégiques, des rapports entre Serbes et Croates: l'existence de 4 400 000 Croates catholiques et musulmans, dans la zone occidentale, vis-à-vis de 4 650 000 Serbes dans la zone orientale de la Yougoslavie.

Nous nous trouvons ainsi devant ce dilemme: ou une honnête collaboration, ou la guerre permanente, avec la perspective d'une destruction réciproque plus probable que la victoire définitive d'un des adversaires.

S'imaginer que 1 700 000 Serbes disséminés sur l'ensemble du territoire Croatie-Dalmatie-Bosnie pourraient dominer, même avec l'aide des Serbes de Serbie, 4 400000 Croates catholiques et musulmans pro-croates est la conception la plus chimérique et la plus catastrophique pour la Yougoslavie. Elle fut pourtant soigneusement entretenue par tous les gouvernements qui se sont, jusqu'à présent, succédé à Belgrade et fut d'ailleurs la cause la plus profonde des massacres de 1941. La Dalmatie fait aujourd'hui partie de la Croatie. Il est indiscutable que la Bosnie-Herzégovine représente une entité particulière sur le plan géographique et politique, et en raison de sa composition nationale mixte. Cependant, avec la Croatie-Dalmatie, elle constitue une unité géo-politique plus large, étant donné que la Croatie-Dalmatie encercle la Bosnie-Herzégovine de trois côtés, lui ouvrant l'accès de l'Adriatique au sud et, dans le nord, de la plaine pannonienne aux deux extrémités de son artère vitale, la vallée Narentha-Bosnie.

De très fortes raisons militent en faveur d'une collaboration entre Serbes et Croates dans un État fédéral commun. En dehors des raisons d'ordre général qui, aujourd'hui, poussent tous les peuples vers les unions fédérales, je tiens à souligner trois raisons particulières à la Yougoslavie: une Serbie séparée de la Croatie n'aurait pas de débouchés sur l'Adriatique. D'autre part, il y a, en territoire croate, une forte minorité serbe disséminée parmi les Croates. Troisièmement, la meilleure solution du problème bosniaque se trouve dans un État fédéral yougoslave.

Il est, de toute façon, de notre intérêt, à nous autres Croates, d'œuvrer politiquement pour une entente honnête et fraternelle avec les Serbes sur ces bases. Mais nous sommes fortement résolus — surtout après l'expérience des deux Yougoslavies — à accepter plutôt la guerre qu'une union sans égalité et sans liberté. Nous n'admettons pas d'être soumis et encore moins d'être traités comme des esclaves par les Serbes en tant que Croates, et par les orthodoxes en tant que catholiques et musulmans, que nous soyons croyants ou incroyants.

Union fédérale dans l'égalité nationale et religieuse réelle, ou lutte et séparation complète, jusqu'à ce que nos frères serbes orthodoxes aient une meilleure compréhension des rapports devant exister entre les Serbes et les Croates. Dans ce dernier cas, la région à la population la plus mixte, la Bosnie-Herzégovine, devrait décider librement de son sort.

Les Croates ont une conscience politique assez puissante et une force suffisante pour détruire toutes les Yougoslavies où ils ne seraient: pas un des facteurs essentiels, leur assurant non seulement la souveraineté dans leur République particulière, mais aussi l'égalité nationale avec les Serbes en Bosnie ainsi que la possibilité d'apporter leur propre contribution — proportionnée à leur force réelle — à la politique générale de la Fédération, à la vie entière de l'État commun. Un certain nombre de Croates se lancent dans les pires aventures — comme celles avec Hitler et Mussolini — ou en faveur du rétablissement des Habsbourg. Ils considèrent que la présence d'une forte minorité serbe en Bosnie et en Croatie doit être un stimulant pour chercher non pas une entente et la création d'une fédération avec la Serbie, mais, au contraire, la séparation.

Ces Croates ne se rendent pas compte qu'une telle politique équivaut à une déclaration de guerre à la nation serbe, et qu'une guerre de ce genre serait au moins aussi insensée que sont les déclarations de guerre des Serbes lorsqu'ils prétendent vouloir dominer les Croates. Ni les Serbes ni les Croates n'ont encore suffisamment compris que faire une guerre de libération est une chose, et que faire une guerre d'agression en est une autre. Quand les Croates feignent de ne pas voir que la minorité serbe en Bosnie et en Croatie forme avec les Serbes de la Serbie une seule nation, ils font la politique de l'autruche. La lutte pour la séparation de la Croatie serait nécessaire et justifiée, uniquement au cas où la Serbie ne voudrait pas accepter l'union sur les bases de l'égalité réelle. Céder et accepter l'union sans égalité réelle — comme l'ont fait Trumbic en 1917 et Macek en 1939 — s'avérerait encore plus fatal dans l'avenir que dans le passé.

Les communistes serbes réussiront-ils à saisir ces données fondamentales et décisives, soit de la politique générale de l'État commun, soit des rapports particuliers de la minorité serbe avec les Croates et les Musulmans en Croatie et en

Bosnie, données que le roi Alexandre, Draza Mihaïlovic et leurs défenseurs n'ont jamais comprises?

Seront-ils enfin capables, grâce à une audacieuse réforme des relations serbo-croates, de se sauver eux-mêmes et de sauver la deuxième Yougoslavie?

b. *La tragédie de la Macédoine dans te conflit serbo-bulgare.*

La Macédoine est le deuxième baril de poudre sur lequel est placé l'État de Tito, tout comme au temps du roi Alexandre. Trente ans durant, les régimes de Belgrade ont prétendu que la Macédoine n'était que la «Serbie du Sud» et que les Macédoniens étaient des Serbes. Le recensement effectué par Tito en 1948 a mis fin à cette équivoque qui a coûté tant de sang aux Balkans. Il résulte en effet de ce recensement qu'en Macédoine, sur une population totale de 1 150 000 habitants, il n'y avait que 29 752 Serbes, chiffre qui prouve, une fois pour toutes, que non seulement la Macédoine n'était pas serbe, mais qu'il n'y avait là même pas une minorité serbe. Au premier abord, la question macédonienne peut sembler une question secondaire dans l'existence de la Yougoslavie. En effet, sur les 16 millions de la population totale que représente la Yougoslavie, l'effectif de 1 150 000 habitants de la Macédoine — dont 800 000 Slavo-Macédoniens — ne représente pas une force numérique importante. La véritable signification du problème macédonien réside dans le fait qu'il est partie intégrante d'un problème plus vaste: celui des relations serbo-bulgares. On pourrait en effet considérer comme une chose insignifiante les 800 000 Slavo-Macédoniens, mais on ne peut le faire à l'égard des 6 millions de Bulgares.

Le problème macédonien et le problème bulgare sont étroitement liés du fait que les Bulgares n'ont jamais consenti à se désintéresser du sort de la Macédoine et qu'ils possèdent eux-mêmes une partie de cette région, la Macédoine de Pirin. Ce qui leur donne un droit de propriété dans cette contrée, objet de tant de disputes entre Serbes, Bulgares et Grecs. La raison principale de la connexion de ces deux problèmes est encore plus profonde: elle réside dans l'affinité réelle entre les Macédoniens et les Bulgares. Sans être totalement identiques, les Macédoniens et les Bulgares sont nationalement très proches, tandis que les Serbes et les Macédoniens sont deux peuples slaves différents. A cet égard, on peut se faire une opinion en comparant, d'un côté, les Monténégrins et les Serbes, et, de l'autre côté, les Monténégrins et les Bulgares. Sans être identiques, les Serbes et les Monténégrins sont tellement proches et les Bulgares si différents des Monténégrins que celui qui prétendrait que les Monténégrins, n'étant pas identiques aux Serbes, devraient former un État commun avec la Bulgarie plutôt qu'avec la Serbie ferait rire tout le monde. Pourtant un événement aussi peu logique s'est produit en 1912, c'est-à-dire depuis la première guerre balkanique, avec la Macédoine, et il constitue la tragédie macédonienne et la tragédie des rapports serbo-bulgares.

Sans aucun doute, la solution complète, définitive, réside dans la création d'une Fédération balkanique ou tout au moins dans une Fédération de tous les Slaves des Balkans, dans laquelle seraient incluses la Bulgarie et la Macédoine. De cette manière, la Serbie obtiendrait le libre accès à la mer vers Salonique à travers la Macédoine sans être «obligée» de serbiser cette province et de la contester à la Bulgarie. Si cependant la Bulgarie n'entre pas dans une confédération avec la Serbie, et si la Macédoine est laissée libre de choisir, son choix en faveur d'une union avec la Bulgarie est aussi naturel que celui d'une union du Monténégro avec la Serbie.

De cette appréciation historique et de principe, on ne devrait pas tirer la conclusion simpliste que dans la situation actuelle la Macédoine de Tito devrait s'intégrer dans la Bulgarie kominformiste. D'autres éléments d'ordre plus général, dont on ne saurait ne pas tenir compte, sont ici à considérer. Néanmoins, pour poser exactement le problème dans son aspect concret, il faut le placer sous l'angle de son processus historique. Malgré un certain progrès incontestable, spécialement au début, le régime belgradois n'a pas réussi, dans le problème des relations serbo-macédoniennes, à se dégager de la tradition panserbe et à trouver une ligne d'action efficace.

Une question vient à l'esprit: pour quels motifs les communistes n'ont-ils pas réalisé cette «Fédération des Slaves du Sud», étant donné qu'ils ont éliminé les bourgeoisies «nationalistes et chauvines»? Les polémiques survenues après le conflit Tito-Moscou nous ont largement éclairés à ce sujet. Au début, en 1944-1945, Moscou favorisait, ou tout au moins tolérait cette action. Les négociations échouèrent précisément sur le point où échouèrent plus tard les rapports entre Belgrade et Moscou: l'égalité des rapports entre les deux États socialistes. Moscou avait demandé à la Yougoslavie, en 1948, de devenir une nouvelle Ukraine, une autre Roumanie. Belgrade, de son côté, demanda, en 1944, à la Bulgarie d'accepter de devenir une nouvelle Bosnie ou Croatie, un vassal tout court.

Comme nous l'avons vu, Moscou introduisit en 1942 en Macédoine yougoslave une sorte de *condominium serbo-bulgare*. Ce condominium s'était conservé jusqu'en 1948, sous le haut contrôle soviétique. Ceci amena sur le plan politique et social la complète macédonisation de ce pays qui, néanmoins, resta dans le cadre de l'État yougoslave et sous le commandement militaire d'un général serbe. Les

Macédoniens autochtones s'emparèrent de toute l'administration, des écoles, de la presse, de l'église, etc. Les colons, les bureaucrates et les évêques serbes durent décamper.

Après le conflit avec Moscou, ce condominium fut liquidé et on commença une nouvelle phase de serbisation. Belgrade essaya de donner une nouvelle orientation politique au macédonisme qui, cette fois, a une tendance politico-sociale hostile au bulgarisme. L'élément bulgare, quoique très proche du macédonien, est proclamé l'ennemi numéro un. Entendons-nous bien: non pas ennemi politique en sa qualité de kominformiste, mais ennemi national en sa qualité de bulgare, A partir de ce moment, les livres en langue bulgare sont interdits en Macédoine. Comme dans l'ancienne Yougoslavie, posséder un livre quelconque dans cette langue constitue à nouveau un crime de haute trahison. Dans une Exposition du Livre à Skopié, capitale de la Macédoine, on a pu voir des livres dans toutes les langues, même en chinois, mais pas en langue bulgare: pour éviter la «dénationalisation des Macédoniens». L'idiome macédonien, qui est au fond un dialecte bulgare, est proclamé une langue slave particulière. Soit! Mais ce qui est plus grave, on a réformé depuis son orthographe en lui donnant une tendance serbe, et on a introduit dans le macédonien des mots et des dénominations serbes. Dans ces conditions, Lazar Kolichevski, émissaire de Tito à Skopié depuis 1942, a moins d'autorité en Macédoine que, par exemple, un Bao Daï en Indochine. Les Monténégrins furent aussi proclamés une nation particulière distincte des Serbes, comme le furent les Macédoniens à l'égard des Bulgares. On aurait pu logiquement s'attendre à ce que le dialecte particulier parlé et écrit des Monténégrins fût également déclaré nouvelle langue slave. Il n'en fut rien. Au contraire, on proclame avec insistance que non seulement les Monténégrins, mais aussi les Croates, ont, avec les Serbes, une langue commune. Et on ne considère nullement comme une «tentative de dénationalisation» l'utilisation des livres serbes au Monténégro.

Pour se défendre contre l'impérialisme soviétique qui, en ce moment, soutient la Bulgarie, et excite le nationalisme et le chauvinisme bulgare, Tito possédait-il un autre moyen d'action que le «grand-serbisme», c'est-à-dire une nouvelle serbisation de la Macédoine? En effet, depuis 1948, on assiste à une nouvelle invasion bureaucratique serbe de la Macédoine. Cette question est très importante, car il faut souhaiter le plus complet succès de la défense très légitime de Tito contre l'impérialisme de Moscou.

Cet autre moyen d'action existe et il serait très efficace: faire de la Macédoine et du macédonisme un point de départ et un *trait-d'union* pour animer et renforcer l'opposition contre l'impérialisme soviétique en Bulgarie et dans le reste des Balkans en vue de créer un front unique serbo-bulgaro-macédonien contre l'impérialisme de Moscou.

Pour y parvenir, la condition préalable devrait être: la renonciation définitive à la serbisation de la Macédoine et la liberté accordée au développement naturel de l'individualité nationale macédonienne, sans prendre aucun ombrage de sa très grande affinité avec la nation bulgare.

On ne peut développer une action efficace sur le terrain macédonien sans aborder deux grands problèmes politiques: l'unification de la Macédoine, encore répartie entre trois États voisins et rivaux, et la Fédération balkanique.

L'union de la Macédoine serbe de la vallée du Vardar avec la Macédoine bulgare de la région de Pirin est un problème urgent comme il l'était autrefois. Quant à la question de la Macédoine grecque, elle a subi un changement profond du fait de l'installation de plus d'un million

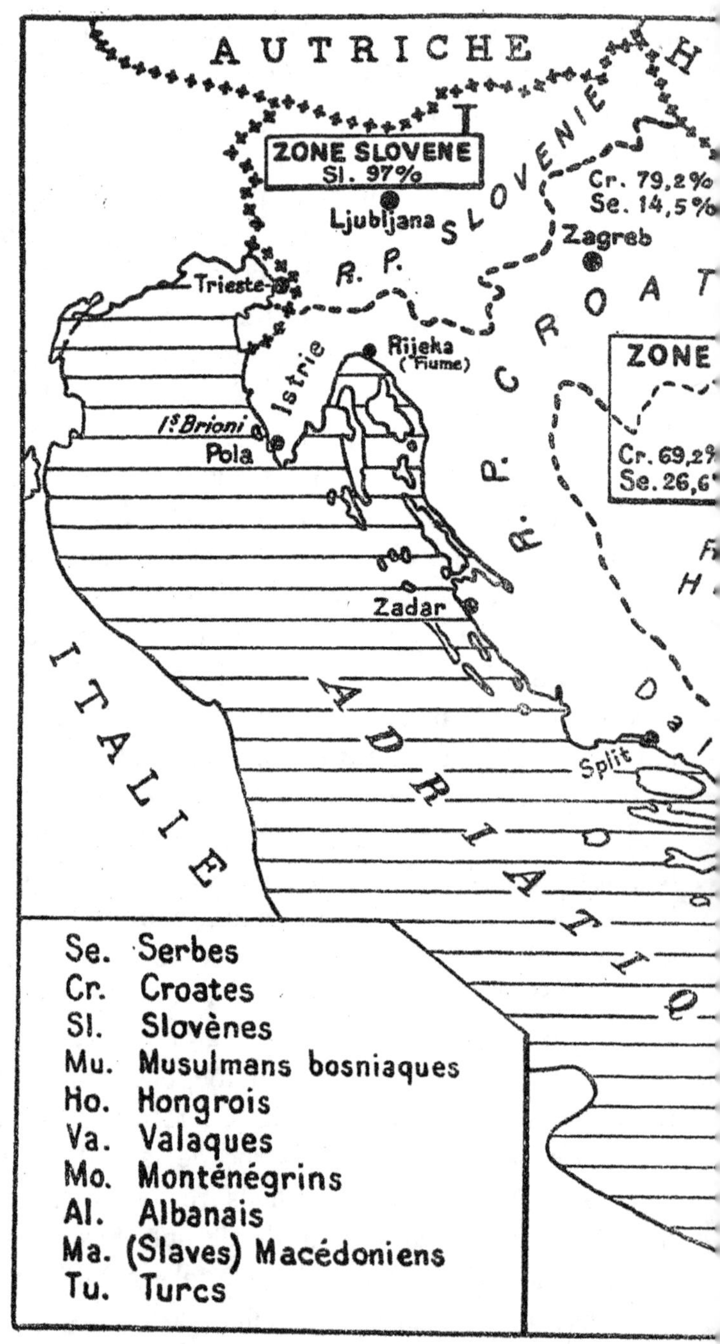
AUTRICHE
H
ZONE SLOVENE
Sl. 97%
Ljubljana
SLOVENIE
R. P.
Cr. 79,2%
Se. 14,5%
Zagreb
Trieste
CROAT
Istrie
Rijeka
(Fiume)
ZONE
R. P.
Is Brioni
Pola
Cr. 69,2%
Se. 26,6%
F
H
Zadar
ITALIE
ADRIATI
Da
Split
Se.   Serbes
Cr.   Croates
Sl.   Slovènes
Mu.   Musulmans bosniaques
Ho.   Hongrois
Va.   Valaques
Mo.   Monténégrins
Al.   Albanais
Ma.   (Slaves) Macédoniens
Tu.   Turcs

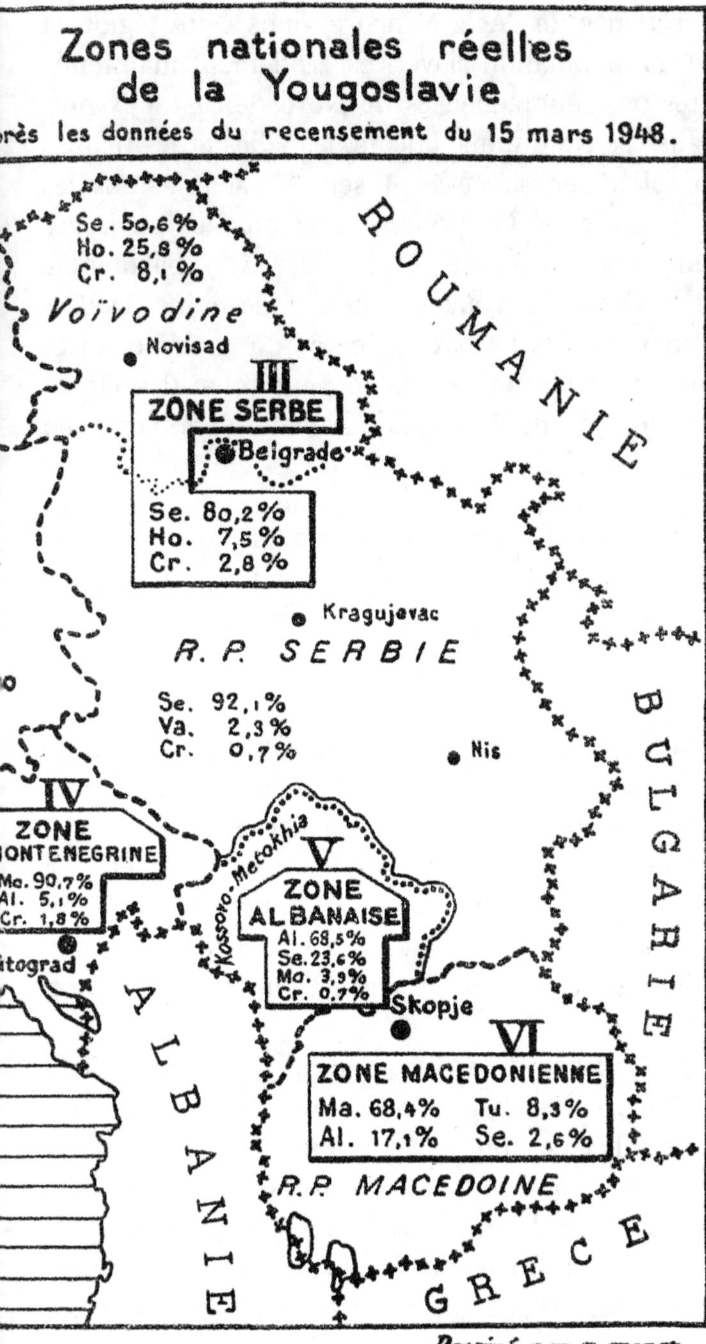
Zones nationales réelles
de la Yougoslavie
rès les données du recensement du 15 mars 1948.
ROUMANIE
Se. 5o,6 %
Ho. 25,8 %
Cr. 8,1 %
Voïvodine
Novisad
III
ZONE SERBE
Belgrade
Se. 8o,2 %
Ho. 7,5 %
Cr. 2,8 %
Kragujevac
R. P. SERBIE
Se. 92,1 %
Va. 2,3 %
Cr. o,7 %
Nis
BULGARIE
IV
ZONE
MONTENEGRINE
Mo. 90,7 %
Al. 5,1 %
Cr. 1,8 %
itograd
Kossovo-Metokhia
V
ZONE
ALBANAISE
Al. 68,5 %
Se. 23,6 %
Mo. 3,9 %
Cr. 0,7 %
Skopje
VI
ZONE MACEDONIENNE
Ma. 68,4 %   Tu. 8,3 %
Al. 17,1 %   Se. 2,6 %
R. P. MACEDOINE
ALBANIE
GRECE
Dessiné par r. monet.

de Grecs, réfugiés de l'Asie Mineure, dans cette région et en Thrace. La population slave s'est seulement maintenue dans les régions montagneuses du Nord de ces deux provinces. Dans ces conditions, la côte, les villes et les plaines ont été complètement grécisées. Il serait donc injuste de les détacher de la Grèce. On pourrait tout au plus envisager une rectification au Nord. Une Fédération balkanique englobant la Grèce, la Yougoslavie, la Macédoine, la Bulgarie, la Roumanie et l'Albanie, libérée du contrôle soviétique, serait une solution équitable pour tous. Il pourrait peut-être se former une Fédération balkano-danubienne en y incluant la Hongrie.

Tito, libéré depuis 1948 de ses liens moscovites, pourrait, à son grand avantage politique, devenir le promoteur soit de cette unification macédonienne, soit de la Fédération balkanique ou balkano-danubienne. S'il ne le fait pas, c'est qu'il est prisonnier du nationalisme pan-serbe. Ses volte-face successives le prouvent. Tant que Belgrade jouissait de l'appui de Moscou et pouvait espérer que la fédération avec la Bulgarie et la Fédération balkanique en général auraient comme conséquence un élargissement de la domination serbe, Tito préconisait la Fédération et cela même à l'époque où Moscou, l'ayant pris en suspicion, mettait des bâtons dans les roues, en annulant le fameux accord Tito-Dimitrov sur le projet d'une Fédération bulgaro-yougoslave.

Après 1948, au lieu de donner une impulsion nouvelle à ces aspirations, il les abandonna complètement. Dans les déclarations officielles du Parti Communiste Yougoslave, on a prétendu depuis que ces aspirations ne sont pas «actuelles». Elles ne le sont certainement pas au point de vue de la conservation et de l'expansion de l'hégémonie serbe. Sans doute, l'alliance de Tito avec la Grèce est justifiée devant la menace de la Russie et de ses satellites. Cependant cette alliance, étant dénuée d'une perspective d'unification de la Macédoine et de la constitution d'une Fédération balkanique, revêt le caractère de l'ancienne alliance Venizelos-Pasic qui, en principe, était anti-bulgare et antimacédonienne.

c. *Les Albanais de Kossovo-Metohia.*

L'exclusivisme nationaliste serbe est par conséquent devenu l' *handicap* majeur de la politique extérieure et inté-rieure de Tito. On peut s'en apercevoir plus clairement encore dans les relations serbo-albanaises. Nous pouvons trouver l'essentiel de ces rapports dans les paroles mêmes de Tito, en 1939, quand il était dans l'opposition. Il a dit, en effet: «Sur le territoire de la région de Kossovo, existe une minorité presque compacte de 900 000 Albanais, dont le nombre est inférieur de 300 000 seulement au nombre des habitants de l'Albanie elle-même.» (Article de Tito inti-tulé «Le Fascisme menace la Yougoslavie», publié dans l'organe du Komintern: *La Correspondance internationale*, n° 30, du 27 mai 1939.) Nous nous trouvons ici devant un fait très simple: un peuple qui n'a pas encore réalisé son unité nationale. Presque la moitié de sa population est annexée à un État et à une nation étrangers. C'était l'œuvre de Pasic et l'héritage de la Serbie à la Yougo-slavie.

Il ne s'agit pas d'une minorité disséminée en territoire étranger. D'après les paroles de Tito de 1939, il s'agit d'une masse albanaise compacte et qui est, soulignons-le, conti-guë au territoire national de l'État albanais. En deux mots, Kossovo représente pour les Albanais ce que la Lombardie représentait autrefois pour les Italiens. De même que l'unité italienne était inconcevable sans la Lombardie, l'unité nationale albanaise sans la région Kossovo-Metohia est privée d'un élément essentiel.

A notre époque, l'unité nationale, l'État national, forme la base de toute évolution progressive, soit dans le domaine social, soit dans le domaine de l'union supra-nationale. Néanmoins les communistes de Belgrade s'y opposent avec une obstination aussi myope que pernicieuse. Encore à la veille du conflit Belgrade-Moscou, au cours des négociations yougoslave-albanaises, à Prizren et à Zagreb, les Albanais étaient prêts à entrer dans une confédération avec la Yougoslavie, à condition qu'avec la cession à l'Albanie de la région Kossovo-Metohia ils puissent compléter leur unité nationale. Belgrade refusa. Ce refus aida grandement Moscou pour accaparer l'Albanie de Hoxa. L'érection, dans le cadre de la Serbie, de Kossovo-Metohia en une région autonome, avec des journaux, des écoles «chiptares», etc., ne résout pas le problème, comme la création d'une Lombardie autonome dans l'orbite de l'Empire autrichien n'aurait pas résolu la question de l'unité italienne en 1859. Il est évident qu'on n'élimine pas avec des autonomies les conséquences du démembrement d'une nation ou de son asservissement. La fameuse polémique à ce sujet entre Lénine et l'Autrichien Otto Bauer, qui défendait les autonomies, est dans le monde communiste à la base de toutes les discussions sur le problème national et sur la tactique pouvant être adoptée à cet égard par les partis communistes.

Il ressort de cet examen des trois plus importantes questions de la Yougoslavie que la Serbie, y compris la Voïvodine, se trouve, avec ses 4 650 000 Serbes, en conflit national ouvert avec 4 400 000 Croates et musulmans bosniaques, avec 6 800 000 Bulgares et Macédoniens, avec également 2 millions d'Albanais. Soit, au total: 4 650 000 contre

13 200 000. La position privilégiée de la Serbie et de Belgrade, comme centre naturel des Balkans, devient ainsi un désavantage et se présente alors sous la forme d'un encerclement. Même en ajoutant aux Serbes ceux de leurs compatriotes qui sont dispersés parmi les Croates, les musulmans bosniaques, en Kossovo-Metohia, en Macédoine, etc., on atteint le chiffre de 6 550 000 et celui de 8 400 000 si on ajoute encore leurs alliés peu sûrs, les Monténégrins et les Slovènes. Nombre nettement inférieur à celui du bloc opposé, soit 13 200 000.

Les gouvernements et les régimes passent. Les conjectures et les combinaisons internationales changent. Un facteur cependant demeure permanent: le rapport des forces et la position géographique locale des peuples yougoslaves et balkaniques.

Si on ne tient pas compte de ces facteurs essentiels pour résoudre les problèmes yougoslave et balkanique, les Serbes, monarchistes ou communistes, ne pourront que s'attendre à des aventures et à des catastrophes.

V

LE CAS STEPINAC

SYMBOLE DE LA GUERRE
RELIGIEUSE ET NATIONALE

La lutte religieuse en Yougoslavie est un autre aspect de la lutte nationale. On pourrait même dire que la lutte nationale a ses prémisses et sa cause véritable dans les contrastes religieux. Plutôt que d'être de véritables nations dans le sens moderne de ce terme, les Serbes et les Croates constituent deux communautés religieuses différentes et antagonistes: l'orthodoxe et la catholique. Le destin de l'archevêque de Zagreb, Stepinac, est un cas particulièrement dramatique de cette hérédité moyen-âgeuse et byzantine qui pèse encore sur les Yougoslaves. Quand après ma libération, au début de 1943, je suis arrivé à Zagreb, venant du camp de concentration de Jasenovac (après El-Alamein et Stalingrad, les Oustachis commencèrent à libérer les suspects du démocratisme occidental), je fus impressionné par la popularité de l'archevêque Stepinac. Ses sermons dans la cathédrale de Zagreb, avec leurs allusions et leurs critiques du racisme et de l'intolérance religieuse de Pavelic et de Hitler étaient répandus clandestinement à Zagreb et se trouvaient sur toutes les lèvres. Les «radios» de Londres et de New-York les citaient à leur tour. Tout le monde espérait et était convaincu que Stepinac allait sauver la Croatie de deux maux: la présence de Pavelic et la menace du retour des Serbes. L'idée en elle-même était évidemment naïve, mais elle représentait un fait politique réel en tant qu'expression de toute une psychologie collective. D'autres données favorisaient également cet espoir: sa vie durant, Stepinac a toujours été considéré comme un «anglophile». Ayant été prisonnier de guerre en Italie en 1917, il s'engagea comme volontaire sur le front de Salonique pour combattre avec les Serbes contre l'Autriche et l'Allemagne en vue de la création d'une Yougoslavie, patrie commune des Serbes et des Croates, des orthodoxes et des catholiques. Dans la première Yougoslavie, il était partisan, avec Macek, d'un accord entre les Serbes et les Croates. Depuis l'arrivée des Allemands et de Pavelic, il s'était tenu éloigné d'eux le plus possible et il devint célèbre par ses sermons d'opposition. En outre, son frère fut pendu par les nazis comme un ennemi de l'Axe. Et, pourtant, au lieu d'être honoré par la nouvelle Yougoslavie pour ses mérites exceptionnels au cours de l'affreuse guerre civile, cet homme fut, en octobre 1946, condamné à seize ans de travaux forcés pour «collaboration avec l'occupant, soutien du gouvernement de Pavelic et complicité dans les crimes commis par ce dernier...»

Ce contraste tragique entre la vraie personnalité de l'accusé et l'acte d'accusation doit être davantage attribué à l'histoire tourmentée de la Yougoslavie contemporaine et à l'empreinte pan-serbe du nouveau régime, qu'aux erreurs des juges et surtout qu'aux fautes de l'accusé.

En dépit des différends qu'elles avaient de temps en temps, les deux Églises, catholique et orthodoxe, ont, parmi les Yougoslaves de l'Empire austro-hongrois, fidèlement servi les Habsbourg dans leur lutte contre les Turcs. Au XIXe siècle, l'Église orthodoxe, en tant qu'Église nationale serbe, accéléra grandement la formation de la conscience nationale serbe. De ce fait, les Serbes obtinrent un avantage momentané sur les Croates, dont l'Église, à cause de son universalité, ne favorisait pas pour autant la formation de la conscience nationale. Cela explique pourquoi l'Église serbe eut, dix ou quinze ans à l'avance, la prèscience de la disparition de l'Empiré austro-hongrois, alors que l'Église catholique en Croatie ne le comprit qu'au milieu de la première guerre mondiale. C'est là qu'il faut chercher le véritable sens d'un différend, d'ailleurs provisoire, sur lequel sont venus se greffer de si nombreux malentendus et falsifications. Après la disparition de l'Autriche, l'Église catholique a adopté une attitude de sincère loyalisme envers la Yougoslavie. Elle considéra même l'existence de l'État Yougoslave comme un élément favorable à un rapprochement et à une union — quoique lointaine — entre l'Église d'Occident et celle d'Orient.

L'évolution vers le yougoslavisme fut en réalité en premier lieu entravé par les gouvernements de Belgrade et l'Église orthodoxe. Ces gouvernements voyaient uniquement dans la Yougoslavie un élargissement de la Serbie. Si à un certain moment ils ont concédé d'appeler «yougoslave» le nouveau complexe de l'État, ils insistaient pour que la nouvelle substance «nationale» soit purement serbe et orthodoxe et que l'élément croate, catholique et musulman soit considéré comme un élément provincial et séparatiste.

L'Église orthodoxe refusa par principe de devenir «yougoslave» et voulut garder son nom «serbe», comme à l'époque de sa formation par saint Sava, sept siècles auparavant. Conformément à la tradition byzantine, elle insistait pour rester «l'Église de l'État» — comme elle l'avait été en Serbie jusqu'en 1918.

C'est pour cette raison qu'on ne permit pas, durant les vingt-trois ans d'existence de la première Yougoslavie, la construction à Belgrade, capitale d'un pays ayant 1 561 000 musulmans et 5 262 000 catholiques (à côté des 6 785 000 orthodoxes), ni d'une cathédrale catholique, ni d'une grande mosquée musulmane.

Sous la dictature du roi Alexandre s'était établie une collaboration encore plus intime et plus agressive entre le gouvernement et l'Église orthodoxe, faisant éclore un véritable cléricalisme byzantin. Avec l'appui du gouvernement, on érigeait des cathédrales orthodoxes dans les régions purement catholiques et même en Slovénie, pays cent pour cent catholique. On assista alors à un véritable prosélytisme favorisé davantage par les mesures dictatoriales que par la persuasion. Il en résulta — d'après le recensement de 1931 comparé à celui de 1921 — une augmentation de l'écart entre les orthodoxes et catholiques en faveur des premiers de 4 p. 100. (Le pourcentage des orthodoxes augmenta de 46,7 p. 100 à 48,7 p. 100, celui des catholiques diminua de 39,6 p. 100 à 37,7 p. 100.) Ces «conversions forcées» étaient de mauvais exemples pour les Croates en 1941-1942.

La réaction des Croates à l'égard de ce prosélytisme orthodoxe fut très lourde de conséquences pour les destinées yougoslaves. Tandis que la haute hiérarchie de l'Église catholique ne désespérait pas de voir un jour se réaliser un accord entre les deux Églises et les deux peuples, il s'était créé aux échelons inférieurs, les plus touchés par les persécutions, un sentiment d'aversion envers les Serbes orthodoxes, qui donna naissance à un cléricalisme catholique fanatique, d'esprit moyenâgeux et primitif. C'est dans ce milieu que Pavelic trouva plus tard un de ses principaux appuis. Étant donné qu'à cette époque toutes les organisations politiques croates étaient interdites, ce vide fut comblé par les très nombreuses organisations religieuses ayant une inévitable empreinte politique. Le catholicisme devint *de facto* l'Église nationale des Croates.

L'appel de Staline et du Parti Communiste adressé au nationalisme serbe et à l'esprit orthodoxe en 1936 provoqua en Serbie, comme nous l'avons déjà mentionné, un véritable délire de chauvinisme national et religieux. On trouve une éloquente expression de cet état d'esprit dans l'œuvre théâtrale de l'écrivain serbe Dule Nikolayevic intitulée: *Volga, Volga*. Cette œuvre eut un très grand succès à Belgrade et en province. Dans la scène finale, on assiste à une rencontre entre Dostoïevski et Lénine. Dostoïevski est prêt à se faire crucifier pour racheter les péchés athéistes de Lénine, qu'il apostrophe en ces termes: «Crucifie-moi, Vladimir Illitch, et détruis l'Europe, ma colombe! Pulvérise à la bombe le Moïse de Michel-Ange... Brise et disperse toutes les statues catholiques de Jésus! Que disparaisse de la surface du globe le christianisme romain et que demeure seulement notre Mère, la Russie orthodoxe, slavophile! Que la Volga se gonfle! Déborde, notre fleuve sacré! Submerge toute l'Europe et tous ses temples!»

Et Lénine de répliquer: «Fiodor Mikhaïlovitch, ma colombe, je t'aime, mon frère et notre génie. La Russie détruira l'Europe, elle la détruira...»

Par une néfaste *dialectique de l'histoire*, l'Église nationale serbe, qui contribua tant au cours du XIXe siècle et, en particulier, au début du xxe, à l'unité serbe, devint à partir de 1918 le moteur spirituel de la scission, de la destruction de la Yougoslavie. En faisant obstruction à une synthèse plus harmonieuse des peuples et des religions de la Yougoslavie, elle isola le serbisme des catholiques et des musulmans. Ces deux derniers groupes religieux se rapprochèrent non seulement parce qu'ils étaient menacés tous les deux par l'exclusivisme religieux de l'orthodoxie serbe, mais aussi parce que ce rapprochement correspondait à l'esprit universaliste de leur foi. L'universalisme joua alors en faveur des Croates et poussa davantage les musulmans bosniaques vers la nationalité croate.

Toute personne objective reconnaîtra honnêtement qu'une attitude pareille de la part des Serbes était, même involontairement, la meilleure préparation spirituelle aux atrocités de 1941. La fausseté de tous les procès intentés dans la Yougoslavie de Tito contre les Oustachis et les catholiques ressort du fait qu'on se borne à exagérer les responsabilités concrètes et individuelles sans mentionner les causes profondes des actes, même les plus injustes et les plus sauvages. On omet en effet systématiquement de rappeler que ces actes étaient, dans la réalité historique, aussi une réaction contre le chauvinisme et les violences des Serbes et des orthodoxes qui ont duré vingt-trois ans.

On peut cependant se demander si les mesures et les actes de la haute hiérarchie catholique croate ont été suffisamment énergiques à l'égard de l'activité de Pavelic et de ses Collaborateurs. Mais nier son opposition active — et spécialement celle de Stepinac, — la présenter même comme ayant favorisé les méfaits de Pavelic, cela dépasse le mensonge et devient un nouveau crime dans la tragédie serbo-croate.

Au cours de sa rencontre avec Ciano, le 16 décembre 1941, à Venise, Pavelic lui-même l'a reconnu dans une conversation rapportée par Ciano en ces termes: «Le clergé catholique, très influent en Croatie, manifeste une attitude très favorable dans ses rangs inférieurs, et moins favorable dans sa haute hiérarchie. Certains évêques sont ouvertement hostiles.» (*L'Europe vers la catastrophe*, éd. Mondadori, 1948, p. 703).

Il y a dans l'activité de Pavelic un aspect original et, du point de vue historique et sociologique, très intéressant, que je ne puis pas examiner spécialement ici; je veux parler de sa tentative de créer une Église césaro-papiste, catholique et croate, un byzantinisme catholique croate. C'est en tout cas un fait curieux d'avoir essayé, et dans une certaine mesure réussi, à transplanter le balkanisme, que Pavelic représentait dans la vie politique croate, jusque dans la sphère ecclésiastique d'un peuple catholique.

A toute son activité politique, Pavelic donnait une empreinte catholique, en exploitant la puissance du catholicisme. Il essayait ainsi de rejeter sur le catholicisme la responsabilité de ses propres actes, tout en se réservant l'autorité de façonner à sa guise ce catholicisme. Il s'efforçait de corrompre la clergé et l'Église par les avantages matériels et administratifs, il cherchait aussi à obtenir la soumission du haut clergé catholique, sans succès d'ailleurs. Pour compromettre l'Église et l'enchaîner, il recourut même aux combinaisons qu'on peut sans exagération taxer de diaboliques. Il mit par exemple à la tête du camp d'extermination de Jasenovac un ex-franciscain, Filipovic-Majstorovic, qui avait été exclu de son ordre pour suspicion de complicité dans un massacre des orthodoxes. L'homme que Pavelic avait, dans un but machiavélique, placé à ce poste de bourreau se débattait entre les crimes et les grandes crises de conscience, comme j'ai pu le constater pendant mon séjour dans ce camp.

L'Église catholique observait cette activité de Pavelic, la critiquait et lui faisait opposition. Stepinac fut parmi les premiers à prendre cette attitude. On peut toutefois se demander si cette opposition était en proportion avec la gravité des faits, si, dans l'appréciation de la politique de Pavelic, la hiérarchie catholique avait attaché à ces actes négatifs suffisamment d'importance. J'étais convaincu que non.

On accordait trop d'importance à l'aspect catholique extérieur de l'activité de Pavelic. Ses crimes, quoique toujours condamnés, étaient néanmoins considérés comme quelque chose de secondaire et de fortuit. La vérité historique est cependant tout autre. L'élément antichrétien et néfaste était à la base de son activité, alors que l'élément positif et constructif n'était que secondaire et accidentel.

Dans un opuscule officieux, le Dr Ivan Guberina, alors professeur à la Faculté de Théologie de Zagreb, a écrit entre autres: «La fidèle expression de la nouvelle Croatie réside dans les principes chrétiens-catholiques et non dans quelques actes déplorables d'individus indignes.» (*La formation catholique de la Croatie*, recueil «Croatia Sacra», Rome, 1943, *Officium Libri Catholici*», avec l'approbation ecclésiastique, Zagreb, 22 octobre 1943, N. 10 899-43, avec la préface du cardinal Fumasoni-Biondi).

Cette position devrait, sans doute, être revisée à Zagreb et au Vatican.

Ici encore, le régime de Pavelic rejoint ses prédécesseurs, les régimes de Pasic et du roi Alexandre: négatifs dans leur ensemble, positifs dans ce qui est secondaire.

Il est probable que cette appréciation trop sommaire du régime Pavelic a été en liaison avec l'action politique des larges cercles catholiques au moment de l'arrivée de Pavelic au pouvoir, action qui s'est également avérée erronée, ayant été basée sur un calcul politique, similaire dans un certain sens à l'erreur de Draza Mihailovic. Considérant le régime de Pavelic avec ses cadres insuffisants comme transitoire, ces cercles catholiques pensaient qu'il fallait profiter du moment pour occuper tous les postes officiels importants et se trouver prêts à assumer la succession de Pavelic à la fin de la guerre et à empêcher si possible le retour de Macek, jugé trop libéral. Stepinac était étranger à cette tactique, mais il la toléra parce qu'elle avait été adoptée par la très grande majorité du mouvement catholique. Quand, à partir de 1943, on put entrevoir que le successeur le plus probable serait le communiste et anticatholique Tito, et que dans ce cas les Serbes auraient de nouveau la suprématie sur les Croates, Stepinac s'efforça d'écarter cette éventualité.

C'est là qu'il faut chercher la véritable cause du conflit avec le régime naissant de Tito, Nous sommes donc en présence d'une controverse purement politique, où la tactique et les buts même de Stepinac peuvent être différemment jugés soit au point de vue pratique, soit au point de vue du programme, sans qu'en aucun cas on puisse établir un rapport de collaboration avec les Allemands et avec les crimes de Pavelic. L'archevêque obéissait davantage à la pression psychologique du peuple croate qu'à son propre tempérament qui est au fond apolitique. C'est ainsi que Stepinac devint, sans le vouloir, un chef politique.

Le procès de Tito contre l'archevêque de Zagreb — dont l'attitude toute de dignité et d'héroïsme ne fut jamais égalée au cours de si nombreux procès de l'autre côté du rideau de fer — accentua davantage cet aspect politique de sa personnalité.

Pressentant le rôle politique important qui allait échoir à Stepinac, j'avais saisi une occasion favorable, au printemps 1943, de m'entretenir avec lui. J'avais été frappé par son caractère ascétique et ferme. Sur le plan politique, j'avais été étonné par deux aspects contradictoires de ses propos: d'une part, la franchise avec laquelle il s'exprimait sur la défaite allemande et les Allemands en général; d'autre part, son inexplicable illusion quant à l'impossibilité de la venue de Tito à Zagreb.

Je me réserve l'entière liberté d'appréciation de la politique de Stepinac de 1943 à 1945, et je reconnais naturellement le droit à Tito et à Stepinac de se critiquer mutuellement. Même les communistes croates critiquaient le régime de Tito à cause de ses tendances panserbes. Il serait par conséquent absurde de nier ce droit de critique aux Croates qui ne sont pas communiste, et parmi lesquels figure Stepinac. Je dois une fois de plus souligner que la campagne contre Stepinac, ramenée du terrain politique sur le terrain criminel, n'est qu'une persécution arbitraire s'encadrant dans la politique générale du régime de Tito, hostile aux Croates et aux catholiques.

En toute équité, avant d'être critiqué sur des points de détail, l'archevêque Stepinac devrait faire l'objet des plus hautes distinctions de la part de l'État yougoslave pour son activité contre le déchaînement des passions et des violences. Ce serait en effet utile pour dissiper l'atmosphère de guerre civile que son procès n'a fait qu'accentuer. C'est d'ailleurs l'aspect le plus alarmant de ce procès, tout au moins pour ceux d'entre nous qui désirent l'accord et la paix entre les Serbes et les Croates. Malheureusement, le procès de Stepinac n'a servi qu'à attiser les haines.

La Yougoslavie n'est pas la Russie. Staline peut, même temporairement, dans un pays complètement orthodoxe, renforcer le front intérieur, avec son bloc machiavélique constitué avec le patriarche de Moscou, contre le catholicisme, représentant pour la Russie un facteur extérieur. En Yougoslavie, qui compte 5 262 000 catholiques et 6 785 000 orthodoxes, l'application de la tactique de Staline a produit un effet contraire: l'aggravation du conflit intérieur, déjà existant, entre catholiques et orthodoxes, entre Serbes et Croates.

L'avocat de l'archevêque, Ivo Politeo, un démocrate laïque très estimé et grand partisan de la collaboration entre Serbes et Croates, exprima dans sa plaidoirie son anxiété au sujet du caractère anticroate du procès: «Je crois, dit-il, que l'accusation contre l'archevêque est en partie la conséquence des préjugés nés à son égard durant la guerre des partisans. Les hommes qui combattaient dans les forêts et les montagnes n'ont eu ni l'occasion ni le temps de vraiment connaître l'archevêque comme l'ont connu les centaines de milliers de personnes à Zagreb, durant l'occupation. Il est difficile, et il faut du temps pour détruire les préjugés. Il est non seulement difficile, mais impossible de détruire et, de quelque manière que ce soit, d'obscurcir auprès de centaines de milliers de citoyens de la nation croate, à Zagreb et en dehors de la capitale, la haute et lumineuse idée qu'ils se sont faite de leur archevêque. Même ce procès ne pourra y parvenir.»

C'est à la fois étrange et dangereux pour l'avenir de la Yougoslavie de Tito et, ce qui est plus important encore, pour l'avenir des relations entre Serbes et Croates, que le gouvernement de Tito n'ait pas compris et réparé le désastre intérieur provoqué par l'emprisonnement de Stepinac, même après le conflit avec Moscou. Privé du soutien de Moscou et de son monde orthodoxe, et ne l'ayant pas remplacé par un autre appui, c'est-à-dire la réconciliation des

Serbes et des Croates et le traitement égal des Églises orthodoxe et catholique, le régime de Tito voit le vide s'élargir autour de lui dans le pays. Washington ne peut remplacer Moscou ni assurer le soutien total à la politique interne anti-occidentale contre les catholiques Croates, élément pro-occidental par excellence, comme le faisait Moscou. Tout ce que peut faire Washington, c'est de la tolérer, et il le fait, à titre de compensation pour la politique pro-occidentale de Tito. Cela ne suffit pas. Cette discordance profonde, cette antithèse directe entre la politique intérieure, unilatéralement orientale, et la politique extérieure, résolument occidentale de Tito, ne peut qu'aboutir à une catastrophe, si on a'y porte pas remède à temps. Si Tito veut consolider son front intérieur, il devrait en premier lieu mettre fin à la scission entre Serbes et Croates en commençant par faire cesser les persécutions religieuses: libérer l'archevêque Stepinac et reconstruire la mosquée de Zagreb» démolie en 1947.

Les journalistes américains, en particulier M. Sulzberger, correspondant du *New York Times*, ont beaucoup fait pour éclaircir devant l'opinion publique américaine l'aspect actuel du cas Stepinac en interviewant Tito et même l'archevêque dans sa cellule de Lepoglava. Ils pourraient maintenant rendre un service appréciable, aussi bien à la cause de la réconciliation serbo-croate qu'à l'information de l'opinion publique mondiale sur la situation yougoslave, en allant également s'informer auprès du patriarche de l'Église serbe orthodoxe de sa position concernant les persécutions contre l'Église catholique. Il est à espérer que le chef de l'Église serbe se déclarerait plutôt en faveur de la cessation de ces persécutions. Il faut, en tout cas, savoir d'où viennent aujourd'hui les persécutions contre les catholiques: du Parti Communiste ou de l'Église ortho-doxe, ou des deux à la fois.

Dans une interview accordée à Edward Korry, corres-pondant de l'agence United Press, Tito lui-même a reconnu son incapacité tragique de mettre fin à l'antagonisme reli-gieux et national existant entre les Serbes et les Croates. Cette interview fut reproduite par *Borba*, organe central du Parti Communiste Yougoslave, en date du 10 janvier 1951.

Se référant à l'interview qu'il avait accordée en no-vembre 1950 à Sulzberger, correspondant du *New York Times*, Tito déclara textuellement: «A la suite de cette interview et de l'interprétation qu'on en a donnée, que Ste-pinac serait libéré s'il partait pour l'étranger, la population orthodoxe s'est montrée mécontente, car elle le considère comme un criminel de guerre. Elle le considère comme tel, et on ne peut rien y changer. Nous devons tenir compte des sentiments de la population orthodoxe.» De cette décla-ration, deux faits importants se dégagent:

1° Tito reconnaît indirectement la fausseté des accusa-tions portées contre le Primat catholique croate;

2° Malgré cela, Tito le laisse en prison parce que la population orthodoxe s'oppose à sa libération.

Nous nous trouvons ici devant la pure «raison d'État», et Tito dans la suite de son interview le souligne sans équivoque, tel un écolier dépité par des reproches immé-rités. «Il y a eu des cas dans le monde, a-t-il dit, où, dans l'intérêt de l'État, des gens innocents restaient en prison et étaient même exécutés.»

Il est vraiment stupéfiant de voir cet argument massue des *Procès de Moscou* invoqué de la même manière par Tito, qui ne cesse de brandir contre les prétentions mosco-vites l'appel «à la vérité et à la sincérité»...

Le plus grave dans cette affaire est que, contre les conclusions de Tito, plaident aussi bien la «raison d'État», la morale et la vérité.

Tito n'a pas dit un seul mot des sentiments de la population catholique et musulmane. Est-il vraiment *dans l'intérêt de l'État yougoslave*, de sa lutte désespérée contre Moscou, de passer outre aux sentiments des catholiques et des musulmans? Il suffit de poser la question pour s'apercevoir de l'erreur politique grossière de ce raisonnement de Tito.

Fidèle à la «bonne» tradition du roi Alexandre, il n'y a pour le gouvernement communiste de Belgrade — de l'aveu même de Tito — que les sentiments des Serbes, des orthodoxes qui puissent être pris en considération, même s'il s'agit de préjugés anticroates et anticatholiques. Même rebelle à Moscou, le gouvernement communiste de Tito ne sait pas s'élever au-dessus de la querelle médiévale byzantine-latine qui domine encore l'antagonisme serbo-croate. En revanche, toujours de l'aveu de son chef, il se solidarise — soulignons-le une fois de plus — avec une moitié de la population du pays contre l'autre moitié! C'est une politique préjudiciable à l'intérêt de l'État yougoslave et qui le mène tout droit à la ruine.

Tout le monde en est conscient, et Mr. Sulzberger l'a répété dans son second article du New York Times en date du 11 novembre 1950: «Tous les Serbes, dit-il, se prononcent pour l'emprisonnement de Stepinac et tous les Croates pour sa libération, les premiers voyant en lui un criminel de guerre, les seconds, un héros et un martyr. Dans ces points de vue opposés, conclut Sulzberger, on retrouve les difficultés insurmontables de chaque régime en Yougoslavie.»

D'après les statistiques de 1931 (le recensement de Tito de 1948 n'a pas donné les chiffres de la population d'après leur appartenance religieuse), 5 200 000 catholiques sont favorables à Stepinac. Des 6 800 000 orthodoxes de Yougoslavie, il faut déduire 800 000 orthodoxes macédoniens, qui sont traditionnellement antiserbes et pro-croates. Nous arrivons donc à un chiffre égal des partisans et des adversaires de Stepinac. Mais si nous ajoutons au chiffre de 6 000 000 de catholiques et Macédoniens, 1 600 000 musulmans, qui aux moments cruciaux se sont constamment rangés du côté des catholiques contre les orthodoxes, nous voyons alors une majorité de 7 600 000 pour Stepinac, en face d'une minorité de 6 000 000 contre lui.

Cette dangereuse division du pays et l'innocence incontestable de Stepinac plaident en faveur de son élargissement immédiat.

Dans ces conditions, Tito n'aurait qu'à dire aux Serbes: «L'ancienne Yougoslavie s'est révélée incapable d'opposer une résistance sérieuse à Hitler et à Mussolini, parce que le régime grand-serbe faisait des Croates des ennemis de l'État Yougoslave. Si la nouvelle Yougoslavie veut se montrer plus capable de résister à la pression de Moscou, elle doit mettre un terme aux persécutions anticroates et anticatholiques et réaliser enfin l'égalité entre les Croates et les Serbes, entre l'Église catholique et l'Église orthodoxe.»

Au lieu de créer l'unité du pays, l'unité serbo-croate, sur la base de l'égalité des deux peuples et de deux Églises, Tito préfère continuer le système de l'unité des Serbes, des orthodoxes, sur une base anticroate et anticatholique. C'est cette «unité intérieure» chauvine, serbo-orthodoxe, qu'il ne veut pas affaiblir. C'est une politique vouée à l'échec. Tito, rebelle à Moscou, ne peut lui faire une concurrence sérieuse en adoptant une politique d'orthodoxie anticatholique. En menant la bataille avec Moscou sur ce terrain, il doit la perdre. Tito a choisi la tactique de l'atermoiement de Stoyadinovic (qui retira son projet de la loi sur le Concordat avec le Vatican, reconnaissant l'égalité des deux Églises, quand l'Église orthodoxe s'y opposa violemment) et celle de Cvetkovic (les demi-concessions faites aux Croates qui n'apportaient pas la solution du problème serbo-croate), en donnant ainsi toutes les chances à un coup d'État serbo-orthodoxe-kominformiste. Si Tito opposait à la politique moscovite d'excitation des antagonismes religieux et nationaux yougoslaves une politique de réconciliation et d'égalité nationale et religieuse des Yougoslaves, ses perspectives d'avenir seraient bien meilleures, même auprès de la majorité des Serbes.

Au lieu de s'engager dans une politique de réconciliation réelle et définitive des Serbes et des Croates, Tito s'adonne au jeu des manœuvres stériles et même de la démagogie panserbe.

Ses propositions de résoudre le «cas Stepinac» par l'internement de celui-ci dans un monastère ou par son expatriation «volontaire» à l'étranger n'est qu'un misérable essai d'esquiver par un truc la véritable solution d'un problème vital, l'égalité des deux peuples et des deux Églises. Quant à la contre-manœuvre de parer la demande du monde occidental concernant la libération de Stepinac par la demande d'extradition d'Argentine de Pavelic et, des U. S. A., d'Artukovic comme criminels de guerre, cette manœuvre, anachronique en 1951, constitue non seulement un chantage odieux envers l'Occident, mais elle fait revivre les pires excitations chauvines à cause de sa choquante partialité. Pourquoi? Sur la liste des criminels de guerre, présentée officiellement par Tito aux gouvernements alliés à la fin de la guerre, se trouvaient, à côté de Pavelic et d'autres Qustachis, les principaux massacreurs serbes, parmi les chefs des Tchetniks; le prêtre orthodoxe Djuic, M. Jevdjevic, etc. Or Tito ne réclame maintenant que les Oustachis, bien que ces Tchetniks circulent librement aussi et agissent parmi l'émigration serbe comme les Oustachis parmi l'émigration croate. En vérité, si on voulait intentionnellement exaspérer les relations serbo-croates, si précaires, on ne pouvait pas trouver mieux: garder l'archevêque de Zagreb en prison et rendre les honneurs au patriarche de Belgrade, réclamer l'extradition de Pavelic-Artukovic et passer sous silence Djuic-Jevdjevic.

Les nouvelles reçues de Belgrade indiquent qu'on s'obstine à chercher une issue qui ne dépasse pas les demi-mesures. Le gouvernement paraît décidé à changer l'emprisonnement de Stepinac en internement dans un monastère, avec ou sans le consentement du Vatican.

Dans ses plus récents entretiens avec le sénateur américain Blair Moody, rapportés par la presse parisienne du 13-16 août, le maréchal Tito a avancé, dans une forme plus franche que jamais, deux vieux arguments.

1° «Le maréchal a expliqué que, bien que Mgr Stepinac fût fortement appuyé par les catholiques yougoslaves, il est tout aussi fortement critiqué par la population orthodoxe serbe de la Yougoslavie qui est majoritaire dans le pays»;

2° «Le sénateur Moody lui ayant suggéré de libérer l'archevêque, le maréchal a déclaré que, s'il agissait ainsi et lui permettait de reprendre sa place à la tête de la hiérarchie catholique, il ferait le jeu de la Russie. Les agents russes, a-t-il dit, pourraient se servir de la libération du Prélat comme de prétexte à des tentatives de divisions intérieures.»

Ces déclarations de Tito méritent la plus grande attention: elles sont capitales pour la politique de Belgrade et lourdes de conséquences.

La division du pays en deux parties: la population orthodoxe serbe d'un côté et les catholiques, croates et yougoslaves, de l'autre, est reconnue *verbis expressis* par Tito. C'est un démenti définitif à des milliers de déclarations antérieures que la «question nationale» et, en particulier, le conflit serbo-croate seraient, dans la nouvelle Yougoslavie, résolus. Comme le reconnaît maintenant Tito lui-même, rien n'est résolu, et l'État Yougoslave continue d'être déchiré en deux moitiés par le vieux conflit religieux-national. Cette déclaration de Tito est remarquable dans sa crudité: aucun clinquant du marxisme-léninisme, ni du socialisme-communisme qui confond constamment les étrangers dans les problèmes de la nouvelle Yougoslavie; rien, non plus, de la lutte du matérialisme et du «communisme athée» contre les religions en général, mais tout simplement une lutte aussi restreinte et banale que vraie: la lutte des orthodoxes contre les catholiques, des Serbes contre les Croates. C'est au fond la lutte médiévale de l'Église de Byzance contre l'Église de Rome qui déchire en ce moment la Yougoslavie et les Balkans. Quel progrès! Le fait le plus extraordinaire est que le gouvernement communiste de Belgrade au lieu d'être au-dessus de cette guerre des religions se solidarise avec l'une des parties et se fait son instrument. Après cet aveu officiel de Tito, tout reproche de partialité fait à l'auteur de cette étude, qui a mis au centre du problème yougoslave l'antagonisme serbo-croate et catholico-orthodoxe, serait pour le moins injustifié.

De son aveu, Tito est bien loin d'arriver à la conclusion à laquelle on pouvait s'attendre. Les clans balkaniques ont une logique particulière.

En essayant d'expliquer et de justifier pourquoi le gouvernement suit dans l'affaire de l'archevêque catholique de Zagreb la volonté de la population orthodoxe serbe, au lieu de celle des catholiques, croates et yougoslaves, Tito a dit qu'il fait cela par respect pour la majorité: la population serbo-orthodoxe étant «majoritaire dans le pays».

Il existe donc dans la Yougoslavie de Tito l'hégémonie et la domination unilatérale de la population serbe orthodoxe parce qu'elle est «majoritaire dans le pays». Et cette domination va si loin que ce sont les Serbes orthodoxes qui décident du sort de l'archevêque catholique de la Croatie. Ni la souveraineté de la République Populaire de la Croatie, inscrite dans la Constitution, ni l'autonomie des catholiques et de l'Église catholique n'existent. Tous les discours sur l'égalité des nations et des religions ne sont que des mots creux. Il n'y a qu'une nation et une religion qui compte. Un terrible aveu que celui de Tito.

Dans la première Yougoslavie, les Serbes pensaient être autorisés à décider si le chef politique croate Radic devait être assassiné à Belgrade ou emprisonné à Zagreb. Ce sont les Serbes orthodoxes qui se croient autorisés, dans la deuxième Yougoslavie, à décider si le chef religieux croate Stepinac doit être emprisonné à Lepoglava ou interné dans un monastère. Un tel progrès, on est forcé de le constater, n'a rien de substantiel.

La démocratie la plus élémentaire demande un tout autre procédé: chaque nation, indépendamment du fait qu'elle est majoritaire ou minoritaire vis-à-vis d'une autre nation, a le droit de décider souverainement de son sort; et chaque communauté religieuse élit librement sa hiérarchie, une communauté majoritaire n'ayant pas droit de décider du sort de la hiérarchie d'une communauté minoritaire. Ainsi donc, de même qu'il appartient aux Serbes et aux orthodoxes de décider qui sera le patriarche à Belgrade et s'il sera en liberté ou en prison, de même il appartient aux Croates et aux catholiques de décider qui sera l'archevêque de Zagreb et s'il doit résider dans la prison de Lepoglava ou dans le Capitole archiépiscopal de Zagreb.

Mais, pour le comble, l'affirmation même de Tito, que «la population orthodoxe serbe est majoritaire dans le pays», ne correspond pas à la réalité, ainsi que l'a officiellement constaté le gouvernement de Belgrade. Après le recensement de 1931, il y avait dans la Yougoslavie moins de 6 000 000 de Serbes orthodoxes sur une population totale de 14 000 000; d'après le recensement de Tito de 1948, il y a 6 500 000 Serbes, orthodoxes et d'autres religions, avec les Monténégrins 6 900 000, vis-à-vis de 15 800 000 au total.

Le sophisme stalinien sur la «majorité» — d'après lequel les petits États de l'Europe orientale n'ont qu'à obéir aux Russo-soviétiques parce que ces derniers sont «majoritaires», appliqué par Tito aux relations catholico-orthodoxes et formulé par lui dans sa déclaration au sénateur Moody, est, dans le cas yougoslave, faux, même dans ses prémisses: les orthodoxes serbes ne sont pas «majoritaires dans le pays», ils constituent, comme nous l'avons vu, moins de la moitié de la population.

Le deuxième argument de Tito n'est pas plus solide. Sans doute, «les agents russes» se serviraient de la libération de Stepinac pour leurs «tentatives»..., mais est-ce que, par exemple, le rapprochement de Tito avec l'Occident ne donne pas occasion à de pareilles «tentatives» kominformistes? Tito opère pourtant, et avec raison, ce rapprochement, passant outre aux hésitations des communistes serbes. Le fait de ces «tentatives» ne peut donc être en lui-même la raison qui fasse entreprendre ou non une action, et il faut trouver un autre critère.

Ce qu'il faut comprendre, c'est que le conflit avec Moscou a changé aussi profondément la situation intérieure du pays que sa situation extérieure.

Du point de vue intérieur, la Yougoslavie de Tito a connu trois phases.

Dans la première, en 1944-1946, Moscou soutenait totalement Belgrade. Le communisme yougoslave signifie à ce moment: la domination serbe sur la Yougoslavie; la suprématie serbe sur les Balkans; le bloc avec l'Église orthodoxe contre l'Église catholique. Le patriarche serbe était revenu de l'émigration à Belgrade au moment de l'arrestation de l'archevêque de Zagreb. Moscou, orthodoxie, grand-serbisme et communisme s'identifiaient. C'était l'apothéose.

Dans la deuxième phase, commencée en 1946, arrivée à son point critique en 1948, Moscou demandait de plus en plus impérativement le remplacement du monopole serbe sur les Balkans par le condominium serbo-bulgare, avec la soumission totale et vraiment «égalitaire» de tous les deux à Moscou.

Dans la troisième phase, à partir de 1948, Belgrade refuse, en même temps, et l'esclavage imposé par le Kremlin et l'égalité locale serbo-bulgare, ceci au nom de la «fidélité» à la première phase — quand le communisme s'identifiait avec le grand-serbisme et l'orthodoxie — mais cette fois-ci sans Moscou. Pour montrer que «rien n'a changé» dans le communisme yougoslave, on a voulu rester aussi loin de l'Occident qu'on était obligé de l'être de l'Orient.

Ainsi, le communisme yougoslave a voulu rester et grand-serbe et orthodoxe et être, en même temps, anticatholique et anticroate d'un côté, antibulgare et anti-moscovite de l'autre. Il n'est pas difficile de comprendre que cette ambition dépasse largement les forces serbes, même si l'on réussissait à créer une «unité intérieure» qui soit cent pour cent grand-serbe.

L'enterrement de la formule «aussi loin de Washington que de Moscou» et le rapprochement avec l'Occident représentent la première révision de l'ancien idéal: l'autarcie yougoslave sur la base: communisme — grand-serbisme — orthodoxie.

Les déclarations du maréchal Tito au sénateur Moody prouvent que le gouvernement de Belgrade s'accroche désespérément dans sa politique intérieure à cette formule périmée, même après qu'il a dû la réviser dans sa politique extérieure.

On veut rester anticatholique et anticroate comme dans le passé; le communisme yougoslave doit aussi, dans l'avenir, s'identifier avec le grand-serbisme et l'orthodoxie. C'est ce qu'avec un embarras enfantin Tito reconnaît ouvertement. Il accepte la division du pays en deux moitiés: catholique et orthodoxe, pour conserver l' «unité intérieure» serbo-orthodoxe, c'est-à-dire la domination unilatérale des Serbes et orthodoxes sur et contre les Croates et les catholiques.

Pourtant les Serbes et les orthodoxes ne représentent pas une assez grande force intérieure pour constituer une base politique suffisante au gouvernement communiste yougoslave qui veut mener une politique indépendante.

Une politique extérieure indépendante est, pour la Yougoslavie, possible seulement à condition que soit réalisée l'unité intérieure du pays: l'unité des Serbes et des Croates, des orthodoxes et des catholiques; et non sur une base restreinte limitée aux Serbo-orthodoxes, c'est-à-dire sur la base de l'unité d'une moitié nationale-religieuse, contre l'autre.

Et «les Russes»? Le gouvernement de Tito peut faire n'importe quoi, toujours les «agents russes» feront leurs «tentatives». Il faut donc voir ce qui est décisif pour les Yougoslaves eux-mêmes et ce qui est efficace contre toutes les tentatives de Moscou,

Le problème décisif yougoslave est de mettre fin à la division intérieure du pays, — héritage de la première phase du bloc Belgrade-Moscou, — en deux parties: serbo-orthodoxe et croate-catholique. En mettant fin à cette division qui paralyse intérieurement la Yougoslavie, en réalisant la réconciliation serbo-croate et l'égalité des Églises catholique et orthodoxe, en pratiquant une politique de paix dans l'égalité et la réconciliation réelle, le gouvernement de Tito serait sans doute suivi par la majorité du peuple serbe. Par contre, tant que le gouvernement de Tito ne finira pas de piétiner dans sa politique intérieure des nationalités, tant qu'il ne donnera au peuple serbe aucune autre ligne politique que celle adoptée et glorifiée jusqu'à présent, le peuple serbe hésitera inévitablement et sera facilement accessible à toutes les intrigues des agents russes. Pour contrecarrer efficacement le jeu des «agents russes», il faut donc faire l'opposé de ce que propose Tito.

L'aveuglement dans les luttes réciproques, le manque de sens dans l'évaluation des forces en présence, l'absence de mesure dans l'appréciation des buts à atteindre, tels sont les principaux défauts des peuples balkaniques et leur ennemi le plus terrible. Ils aiment à critiquer tout le monde, mais négligent de regarder leur propre image dans un miroir. Le gouvernement de Belgrade essaye de résoudre le cas Stepinac en étouffant l'affaire artificiellement, comme s'il s'agissait d'un cas personnel, tandis que ce cas est le symbole du malaise fondamental qui secoue l'État yougoslave de fond en comble.

La réconciliation serbo-croate, l'égalité des deux Églises et des deux nations n'est pas une affaire qui peut être introduite par la petite porte, en cachette. C'est la question centrale de l'État yougoslave et, pour la résoudre, le gouvernement doit la mettre au centre de son action et de sa propagande. Toute la politique intérieure de l'État doit être axée et redressée sur le thème de la réconciliation serbo-croate, cette réconciliation ayant comme base l'égalité nationale et religieuse, (Naturellement, la solution du problème central yougoslave doit être organiquement liée avec l'égalité de toutes les religions, en particulier de la troisième religion du pays, islamique, et de toutes les nationalités, en particulier des Albanais et des Macédoniens.) Si on essaye de s'en débarrasser par des petits trucs et des palliatifs, la désagrégation du vieux système de l'hégémonie grand-serbe continuera sans qu'un autre système de cohésion soit créé: on ne satisfera pas les Croates et on dégoûtera les Serbes. Les grands problèmes demandent de grandes et audacieuses initiatives, constructives avant tout.

Les interventions occidentales en faveur de l'archevêque Stepinac ont alarmé non seulement les communistes serbes au pouvoir, mais aussi les monarchistes émigrés. Le ministre du gouvernement dictatorial du prince Paul, Miljus, a publié à Paris une déclaration prophétisant à l'Occident les pires malheurs au cas où l'Église catholique aurait été traitée en Yougoslavie sur le même pied d'égalité que l'Église orthodoxe. Adam Pribicevic, actuellement éditeur d'un journal serbe au Canada, et un des chefs de l'opposition démocratique serbe contre la dictature du roi Alexandre il y a vingt ans, adopta récemment dans son journal une position passionnée contre la libération de Stepinac. Enfin, pour montrer évidemment qu'il s'agit aussi bien de la lutte religieuse que politique et nationale, l'évêque serbo-orthodoxe de l'Amérique du Nord, Dossithée, le seul évêque serbe émigré ayant un diocèse, fit aussi une déclaration pour la continuation de la captivité de l'archevêque de Zagreb. Aucun homme politique serbe ne s'est déclaré pour sa libération.

Dans l'affaire Stepinac nous rencontrons pour la première fois la même position politique chez les Serbes monarchistes de Draza Mihaïlovic et les Serbes communistes de l'actuel gouvernement de Belgrade. L'appel de Tito à «l'unité intérieure» trouva cet écho significatif. Afin de renforcer cette «unité» et pour influencer l'opinion publique américaine contre Stepinac, Tito a envoyé récemment une délégation de l'Église orthodoxe aux États-Unis!...

Le rapprochement entre les Serbes communistes au pouvoir et les Serbes monarchistes en émigration ne serait pas à condamner en principe. Au contraire, s'il se réalisait dans le but d'une réconciliation serbo-croate et dans le cadre de l'égalité nationale et religieuse, il pourrait présenter un fait positif. Mais quand il s'effectue, comme dans le cas présent, dans le but directement opposé: l'union de tous les Serbes, communistes et monarchistes, pour conserver les positions grand-serbes de la persécution des Croates et de l'Église catholique, cette politique devient la plus désastreuse que l'on puisse s'imaginer dans les circonstances données. Cet aveuglement et cette étroitesse, typiquement balkaniques, sont équivalents à l'appel pour la dislocation et la destruction de la Yougoslavie par les dissensions intérieures, nationales et religieuses.

Afin que cette politique intérieure, profondément erronée, ne devienne fatale à la nouvelle Yougoslavie et n'aboutisse aux nouvelles catastrophes et massacres réciproques entre orthodoxes d'une part, et catholiques et musulmans de l'autre, une aide amicale des Nations Unies pourrait devenir nécessaire. Une enquête internationale sur les conditions d'infériorité et d'oppression dans lesquelles se trouvent les Croates, les Macédoniens et les Albanais dans la nouvelle Yougoslavie, et, en particulier, sur la persécution chauvine de l'Église catholique, pourrait être d'une grande utilité pour surmonter les graves divisions intérieures et consolider le pays, le sauver d'une nouvelle catastrophe.

Si le Congrès international de la Paix, convoqué par le gouvernement de Tito à Zagreb en octobre dernier, avait attiré l'attention de Belgrade sur la guerre froide des nationalités et des religions qui déchire la Yougoslavie et qui menace à la première occasion de se transformer en une guerre civile sanglante, il aurait apporté une aide efficace à la capacité de résistance de la nouvelle Yougoslavie aux menaces de Moscou et à la conservation de la paix générale. La politique grand-serbe qui divise et oppose les peuples yougoslaves et balkaniques, ainsi que les religions orthodoxe, catholique et musulmane, représente toujours une tentation pour la guerre civile et l'agression étrangère [4].

---

4 Au moment où ce livre se trouvait déjà sous presse, Belgrade a annoncé, le 5 décembre 1951, la libération conditionnelle de Stepinac. La résidence forcée dans son village natal remplacerait la prison, avec l'interdiction du retour à l'archevêché de Zagreb. Ainsi l'intensité de la persécution diminue, mais le principe de l'infériorité des catholiques et des Croates vis-à-vis des orthodoxes et des Serbes est pleinement conservé. Une situation devrait donc continuer qui est — en dehors de toute aspiration de justice et d'égalité — insoutenable pratiquement par la simple relation des forces en présence dans le pays après le conflit de Belgrade avec Moscou.

Ce n'est pas un compromis sain capable de mettre fin au tragique conflit serbo-croate et catholico-orthodoxe qui déchire le pays. C'est une demi-mesure qui, sans rien résoudre sur le plan général national et religieux, ne fera, dans ses conséquences, que déchaîner les contrastes des deux côtés. L'insignifiance du changement ne fera qu'augmenter l'opposition croate. Le fait de cette concession, même très limitée, répugnera aux Serbes d'autant plus que le manque d'une nouvelle perspective de la politique intérieure chez le gou-

VI

LES MALHEURS
ET LES
ESPÉRANCES YOUGOSLAVES

Le mot d'ordre et l'activité du Parti Communiste Yougo-slave peuvent, à partir de 1936, servir d'exemple classique de procédé d'infiltration employé, de l'intérieur, par le mouvement communiste, en vue de la conquête du pouvoir.

Le général Draza Mihaïlovic, tout en étant le représentant du nationalisme serbe, fut, même dans ce domaine, battu

---

vernement qui fait cette concession éveillera les appréhensions et les passions des Serbes.

Cette demi-mesure est, dans la situation actuelle du pays, un mauvais cadeau de Noël aux Yougoslaves.

Une dépêche de Reuter de Rome du même jour, 5 décembre, annonce que, probablement, Stepinac serait prochainement élevé par le pape à la dignité de cardinal. Ainsi donc la tentative de Belgrade d'esquiver le cas Stepinac — symbole de la guerre religieuse et nationale en Yougoslavie — comme une affaire personnelle subit l'échec dès le premier jour.

Dans une interview donnée par Stepinac de sa cellule de Lepoglava au représentant de l' Associated Press, Alex Singleton, et publiée le 6 avril 1951, l'archevêque de Zagreb déclara qu'un compromis entre l'Église catholique et le gouvernement de Tito, désirable même avant le conflit de Belgrade avec Moscou, est devenu d'autant plus possible après le revirement de 1948 que «le Parti Communiste Yougoslave a fait un pas plus réel vers la démocratie».

Cette attitude de l'archevêque de Zagreb ouvre de grandes possibilités non seulement pour le gouvernement de Tito, mais aussi pour le pays. Cette déclaration, ainsi que le passé de Stepinac, donne l'espoir qu'il restera sur ce terrain et qu'il ne commettra pas l'erreur de calcul de placer ses espoirs dans les Habsbourg et les généraux d'une Wehrmacht reconstituée, comme le font une grande partie des Oustachis et de l'émigration catholique. Dans ces conditions, il est bien inquiétant que le gouvernement de Tito n'ait pas voulu ou n'ait pas su réaliser les grandes possibilités de l'offre politique du chef religieux croate. Le gouvernement de Belgrade continue à tergiverser et à tituber.

Quand un pays se trouve devant un problème vital, il n'y a pour le gouvernement et le régime qu'un choix: le résoudre ou succomber. Les demi-mesures sont la pire des choses dans les situations critiques et pour un régime en pleine crise.

Le cas Stepinac devient de plus en plus l'affaire Dreyfus de la Yougoslavie de Tito. (N. de l'A.)

par le programme plus réaliste et plus dynamique du Parti Communiste.

Cependant la Yougoslavie n'est pas un État serbe, mais un État multinational. C'est pourquoi une pareille victoire du Parti Communiste sur Draza Mihaïlovic a eu son revers de médaille dans l'effet qu'elle produisit sur les autres peuples yougoslaves, et ce, pas tellement sur les Monténégrins et les Slovènes — alliés aux Serbes — mais sur les Croates, les Macédoniens et les Albanais, qui avaient été ouvertement opprimés et qui menaient une opposition nationale désespérée envers la Serbie.

Après l'attaque des parachutistes S. S. allemands contre son Quartier Général à Drvar, en Bosnie, Tito s'était réfugié, dans la première moitié de 1944, à l'île de Vis, en Dalmatie, traversant alors un des moments les plus critiques de sa lutte. Il fit venir de la province d'Herzégovine un sympathisant communiste qui servait d'intermédiaire pour assurer le passage chez les partisans d'un certain nombre de troupes croates. Tito et Mosa Pijadé posèrent à leur homme de confiance cette question qui, de toute évidence, les tourmentait: «Pourquoi les Croates ne viennent-ils pas avec nous, pourquoi ne se rangent-ils pas du côté de la révolution comme le font les Serbes?»

Tito et Pijadé ne se rendaient et ne se rendent pas compte encore qu'une révolution rivalisant avec Draza Mihaïlovic sur le thème: «Qui est plus Serbe?» ne pouvait pas attirer les Croates, mais les Serbes seulement. Tito s'est donc trouvé devant une situation assez semblable à celle qui, jadis, avait sous le slogan «La défense de la Yougoslavie» panserbe suscité l'hostilité des Croates. Un esclave qui, enchaîné, défendrait son maître ne mériterait que du mépris. Le devoir moral de l'opprimé est de «trahir» l'oppresseur, de se dresser contre lui à la première occasion.

Pour les Croates, la Yougoslavie était une prison. C'est donc tout à leur honneur d'avoir, en 1939 et 1941, refusé de la défendre. Tant que le Parti Communiste Yougoslave condamnera et combattra les Croates pour avoir refusé de défendre leur prison et leurs geôliers, il ne trouvera pas de partisans sincères dans le peuple croate.

De ce qui précède, il ne faudrait pas conclure que les Croates, en refusant de défendre la Yougoslavie panserbe, devaient faire cause commune avec Hitler et Mussolini comme le fit Pavelic. L'exemple de la Finlande montre de quelle manière un peuple peut, tout en se trouvant dans une situation très complexe et délicate, conserver sa dignité et forcer le respect dé tous. Autre exemple: Gandhi a refusé de défendre, dans la dernière guerre, l' Empire britannique qui opprimait les Indes, mais il avait refusé de lier sa lutte pour l'indépendance de l' Inde au sort de l'armée japonaise.

Pavelic et ses partisans se plaisaient à faire comprendre, vers la fin de la guerre, à Zagreb, que ni lui ni les Oustachis ne considéraient leur alliance avec les forces de l'Axe comme un but, mais seulement comme un moyen de se débarrasser des Serbes et de les combattre. Cette considération, cependant, ne diminue en rien le fait qu'en pratique la politique extérieure de Pavelic était la politique d'un véritable vassal, et que sa politique intérieure était imbue non seulement de chauvinisme antiserbe, inhumain, mais aussi de mépris absolu de la volonté du peuple croate lui-même. Nous citerons à cet égard quelques faits édifiants: l'emprisonnement de Macek, chef de l'opposition croate contre l'hégémonie serbe et reconnu tel unanimement pendant une décade à la suite de plusieurs élections; acceptation de la part de Pavelic, pour la Croatie, d'un roi italien, tout à fait impopulaire parmi les Croates; provocantes déclarations de guerre aux États-Unis et à la Russie, suivies de l'envoi d'une Légion croate sur le front russe.

Les Oustachis considéraient la dictature, en premier lieu, comme une attitude de mépris envers leur propre peuple. Il faut vraiment être des enfants en politique pour s'imaginer qu'on pourrait sur cette base édifier la grandeur d'une nation.

Pavelic était conséquent avec lui-même quand, au mois de mai 1945, il quitta Zagreb avec les Allemands. Cela explique pourquoi il n'a même pas essayé de combattre seul, ni un seul jour, ni une heure pour l'indépendance croate, bien qu'il eût alors sous les armes 200 000 soldats. Ce qui ne l'empêcha pas avant sa fuite de Zagreb de prétendre avoir commis ses précédentes *erreurs et horreurs* au nom de cette indépendance croate. Pavelic abandonna ses 200 000 soldats à la frontière autrichienne en leur disant en guise de consolation: «Je vous délivre de votre serment.» Il les livra en fait comme des brebis à un véritable massacre tamerlanesque de Tito, de l'O. Z. N. A. (la Guépéou) serbo-slovène. L'abandon de Zagreb par l'occupant allemand a mis, en effet, Pavelic dans une épreuve suprême. L'attitude du chef des Oustachis, dans ces moments décisifs, a révélé sa complète défaillance, politique et nationale.

Avant de quitter Zagreb, Pavelic commit un autre méfait: il fit exécuter deux ex-ministres de son gouvernement, Lorkovic et Vokic, qui étaient emprisonnés depuis un an pour avoir tenté, en 1943-1944, d'organiser un coup d'État en faveur des Alliés. Il le fit pour se débarrasser des concurrents éventuels dans les négociations futures avec les Anglais et les Américains, en qui Pavelic avait placé ses espoirs depuis cette époque. Toujours le regard tourné vers l'étranger, jamais vers le peuple croate, telle est une des caractéristiques essentielles de cet «ultra-nationaliste». Si le Parti Communiste Yougoslave avait entrepris sa lutte contre la menace fasciste sur la base de la démocratie, de la liberté et de la liquidation préalable de l'hégémonie serbe et formé le front unique serbo-croate, proclamant l'égalité des deux parties, ses perspectives eussent été alors tout autres. Ceci en supposant évidemment que Moscou eût soutenu cette ligne politique.

En prenant, sous les directives de Staline, une voie opposée, c'est-à-dire celle de l'appel au nationalisme et au chauvinisme serbes, le Parti Communiste Yougoslave a déclenché le chauvinisme antagoniste dé Pavelic.

Devant l'horrible extension des massacre mutuels serbes et croates, catholiques, musulmans et orthodoxes, nés de ce chauvinisme, une question vient tout naturellement à l'esprit: «Ne faut-il pas considérer comme enterré à jamais tout espoir de réconciliation entre ces peuples?»

La victoire du Mouvement des Partisans sur Mihaïlovic et Pavelic a déjà démenti cette crainte, et la réalité yougoslave est au contraire différente. C'est un paradoxe balkanique ayant, dans ce cas, heureusement, un aspect positif.

La nation serbe était, depuis l'époque de l'insurrection de 1804 (renaissance de l'État serbe), dominée par ses éléments dinariques, montagnards, violents et sanguinaires. Elle éprouvait un profond sentiment de mépris à l'égard de ses frères croates qui, jusqu'à l'avènement de Pavelic, avaient été politiquement dirigés par leurs éléments pannoniques, courtois, pacifiques et «guitaristes». Un Serbe dinarique, sous-chef de la police de Zagreb, qui, en janvier 1925 procéda à l'arrestation de Radic, se plaisait à raconter, une fois en ma présence, cet épisode de sa carrière avec un mépris compatissant, et terminait ainsi son récit:

«Oh! ce Radic, au lieu de me lancer une bombe à la figure quand il est sorti de sa cachette, me tendit la main en me disant: «Bonjour, monsieur Pavlovic, nous autres » Slaves, nous aimons nous quereller; mais nous finissons » toujours par nous entendre...»

Bien que cela puisse paraître inimaginable et déplorable au point de vue humain, force nous est de constater que les bombes et les gourdins de Pavelic ont acquis aux Croates le respect de leurs frères serbes, que les méthodes pacifiques et courtoises de Radic et Macek n'avaient pas réussi à obtenir. Dans le passé, les Serbes, même partiellement de bonne foi, n'éprouvaient que de la compassion à l'égard des Croates; «ces dégénérés de la culture occidentale, incapables de tuer un homme. Des femmes, et non des hommes!»

Pour comprendre ce drame, il est utile de rappeler que *La Divine Comédie* serbe, leur poème épique *Les Lauriers de la Montagne*, écrit il y a cent ans par le métropolite orthodoxe de Cétigné Njegos, a pour sujet un massacre du XVII° siècle: l'extermination des Monténégrins islamisés par les Monténégrins orthodoxes sous la conduite de leur métropolite. D'autre part, pour saisir certains aspects particuliers du communisme yougoslave contemporain, il est à noter que la préface d'une édition de luxe de ce poème, publiée sous le régime de Tito, porte la signature de Milovan Djilas, un des membres les plus influents du Bureau politique du Parti Communiste, qui glorifie cette œuvre sans aucune restriction ou critique.

Dans cette atmosphère et dans cette tradition, les massacres de Pavelic tout d'abord surprirent les Serbes qui s'interrogeaient: «Comment? les Croates? — Non, c'est impossible!» pour faire ensuite ce raisonnement vraiment balkanique: «Mais ces Croates sont exactement comme nous, capables de tuer, de massacrer; ils ne sont pas des Occidentaux dégénérés, mais des hommes comme nous...» Les montagnards dinariques serbes ont reconnu dans les montagnards dinariques croates leur propre image. Rien de surprenant. C'est un phénomène bien connu: les clans montagnards se massacrent mutuellement tout en se respectant, tandis qu'ils nourrissent un mépris commun envers les paysans pacifiques des plaines. Les Oustachis, de leur côté, faisaient les mêmes remarques au sujet des massacres. Le trop fameux massacreur Viktor Tomic, qui fut un moment chef de la Garde du corps de Pavelic, se complaisait à répéter: «Nous vaincrons, parce que nous savons massacrer comme eux et même mieux qu'eux...» Pour ce «vaillant» Croate, «eux» étaient évidemment le modèle qu'on devait imiter et même dépasser.

Je me refuse à croire que même dans nos régions balkaniques il n'existe pas une autre méthode, plus lente peutêtre, mais dans son essence meilleure et plus humaine, pour développer dans l'âme nationale serbe un véritable sentiment de respect envers les Croates, seul susceptible d'amener à une collaboration sur la base de l'égalité. C'est d'ailleurs un fait que l'esprit social de Radic avait fortement impressionné l'âme du peuple serbe et que les méfaits de la dictature du roi Alexandre avaient suscité en faveur de Macek une popularité marquante auprès des paysans serbes. Toutefois, le préjudice de la supériorité serbe continuait à s'imposer à leur esprit. Même les partis de l'opposition démocratique serbe refusaient, dans leurs négociations avec Macek, de reconnaître comme point de départ la souveraineté nationale croate, c'est-à-dire l'égalité entre les Croates et les Serbes.

Il est pénible de dire que ce sont justement les massacres de Pavelic qui amenèrent les Serbes à conclure: «Il n'y a rien à faire, nous ne pouvons pas tenir par la force les Croates sous notre domination...» Que faire alors avec les Croates? La classe dominante serbe ne le sait pas encore. Les exterminer? S'entendre sincèrement avec eux ou les laisser se séparer?

Les massacres étaient réciproques. C'est un fait historique. Les résultats du recensement de Tito en 1948 démontrent que cette horrible saignée était en fin de compte à égalité pour les deux parties.

Ayant enduré une épreuve aussi grave de conséquences, le vrai problème qui se pose à l'heure actuelle, pour nous autres Yougoslaves, c'est de voir si nous saurons atteindre les perspectives positives que les massacreurs ont ouvertes malgré eux avec leur démonstration *ad absurdum*: la réconciliation effective et l'association réelle dans l'égalité des Serbes et des Croates. L'autre solution serait de prendre comme prétexte les désastres du passé pour les recommencer à la première occasion.

Jusqu'à présent, le régime de Tito a laissé malheureusement cet angoissant dilemme sans solution. Les partis d'opposition en émigration également.

VII

L'ÉMIGRATION CROATE
ET SERBE DANS L'IMPASSE

En isolant la Yougoslavie communiste et en la mettant ainsi sous la dépendance de l'Occident, le conflit Tito-Moscou renferme sans doute une certaine menace de restauration du régime bourgeois. Cette menace n'est pourtant pas très grande. En Occident, les partis socialistes et les syndicats ouvriers sont assez puissants pour neutraliser les pressions bourgeoises. En outre, le respect démocratique de l'Occident pour l'indépendance et la souveraineté nationales, spécialement dans les pays européens, est une garantie très importante, sinon absolue. La restauration bourgeoise pourrait résulter d'un facteur économique: le ralentissement du rythme de l'industrialisation et la réduction du plan quinquennal de Tito à cause de l'immense pression soviétique et du manque d'importants crédits occidentaux ont déjà provoqué un malaise intérieur qui pourrait amener une crise politique favorable à la restauration.

Un des derniers procès politiques de Belgrade contre les vieux ministres bourgeois et les monarchistes serbes (Kumanudi, etc.) montre que les prétendants à la succession de Tito ne manquent pas. Le Chef du Parti paysan serbe, Milan Gavrilovic, paraît travailler dans l'émigration en vue d'entrer dans une coalition gouvernementale avec Tito. Ce qui, en cas de «nécessité», assurerait la succession au plus haut échelon du pouvoir. Suivant leur habitude, les Croates sont passifs et se consolent avec un radicalisme purement verbal.

Buts nébuleux, opportunisme tactique, manque d'habileté pour intégrer utilement notre cause nationale dans les grands événements internationaux. Ces défauts traditionnels de la politique croate ne cessent de se manifester.

Une grande partie des Oustachis et des catholiques militants s'orientent vers les Habsbourg, soit en faveur d'une «Fédération Danubienne», soit d'une «Fédération, des États catholiques, allant de la Lithuanie et la Pologne jusqu'à la Croatie». Ils donnent l'impression de se complaire à ruiner, pour la troisième fois, la cause croate en jouant la carte germano-hongroise. Macek, plus «réaliste», a précisé sa position en 1945-1946, au moment où les Alliés occidentaux cherchaient à fixer leur attitude sur le problème yougoslave: «Nous voulons un État croate, a-t-il dit, qui pourrait s'encadrer dans une Fédération Danubienne ou dans une Fédération Yougoslave, suivant l'opinion des Alliés...» Souplesse qui, en d'autres termes, veut dire: «Nous préférons la monarchie des Habsbourg, mais, si les Alliés insistent, nous accepterons aussi celle des Karageorgévitch, à condition d'obtenir une autonomie locale provinciale.» Jusqu'à présent, Macek est resté sur cette position, en attendant dans un silence sibyllin que les «autres» mettent le peuple croate devant *le fait accompli*, auquel cas il ne lui resterait plus qu'à donner l'adhésion des Croates. Peu importe à Macek si les Karageorgévitch furent deux fois de suite éliminés depuis 1941 et si l'État des Habsbourg a succombé à sa sénilité organique. Peu lui importe également la leçon de l'expérience, qui a démontré qu'une autonomie provinciale ne peut résoudre le problème de la cohabitation des Serbes et des Croates dans un État. Nous faisons allusion à l'échec de son anémique compromis de 1939, dit «Accord provisoire et partiel».

Il n'est pas venu tout simplement à l'idée de Macek qu'au lieu de se cantonner dans cette diplomatie docile, paraissant secrète, il serait préférable de recourir à une diplomatie ouverte, active et démocratique:

1° Se présenter devant l'opinion publique croate, serbe, balkanique et mondiale, avec un programme précis et concret;

2° Grouper autour de ce programme le peuple croate;

3° Unir, avec les Croates, les autres forces yougoslaves et balkaniques, pour liquider démocratiquement l'État et le régime grand-serbe; c'est-à-dire la Yougoslavie de 1919 et 1945, et former une Fédération démocratique, républicaine et sociale yougoslave avec la Bulgarie et la Macédoine entière et même une Fédération balkanique ou balkano-danubienne. A cet effet, un comité balkanique poserait dans l'émigration les premiers jalons de cette politique.

Macek s'était acquis une réputation méritée à l'époque de sa *résistance passive* à la dictature du roi Alexandre et de ses successeurs Stoyadinovic et Jevtic. Mais il ne se montra pas à la hauteur de sa tâche quand, plus tard, il dut à son tour agir et réaliser. Son «Accord» avec Dragisa Cvetkovic en août 1939 n'avait nullement résolu le conflit serbo-croate. Cet «Accord» jeta même les musulmans de Bosnie, sacrifiés par Macek, dans les bras de Pavelic. Ses volte-face successives en mars-avril 1941, imprégnées d'un opportunisme sans principe, malgré sa bonne volonté

116

incontestable de suivre dans toutes ces situations la ligne du «moindre mal»; sa passivité totale et son abdication réelle au cours de la deuxième guerre mondiale ont profondément ébranlé auprès du peuple croate l'autorité politique et morale de Macek et de son parti. En 1939 et 1941, le peuple croate n'avait pas accepté sa capitulation devant la politique grand-serbe d'abord et devant l'usurpation de Pavelic ensuite, et il est aujourd'hui profondément sceptique à son égard. L'espoir de Macek que quelqu'un d'autre se battra pour lui et, sous le signe de la démocratie, le fera retourner à Zagreb, est une mystique commode, mais pas du tout une politique réaliste. La bonne volonté qui consiste à être prêt à devenir un Quisling docile entre les mains d'un autre ne sert ni la cause croate, ni la cause yougoslave, ni une efficace collaboration internationale. La fonction du leader d'un petit peuple implique le devoir de défendre énergiquement la cause de son peuple devant l'opinion publique internationale et devant les grandes nations, et non pas de se borner à attendre tout simplement leurs ordres.

L'opportunisme de Macek est enfin aussi préjudiciable aux Serbes qu'aux Croates. En entretenant dans les sphères politiques serbes l'espoir illusoire qu'avec quelques manœuvres et quelques concessions on pourrait obtenir la soumission des Croates, on prépare les désastres, les guerres civiles et les massacres qui, au fond, ne sont que les conséquences de ces illusions. L'ex-roi Pierre de Yougoslavie et toute l'émigration panserbe placent à l'heure actuelle leur dernier espoir en Macek, en son opportunisme. En revanche, avec plus de fermeté, Macek faciliterait la conclusion d'un accord réel, complet et définitif entre les Serbes et les Croates,

Depuis 1918, le peuple croate, les paysans croates ont fait un grand pas dans leur évolution politique et humaine, empreinte d'un esprit républicain, démocratique et social. On ne peut que s'étonner que Macek pas plus que Pavelic ne respectent ce fait historique et n'en tiennent aucun compte, se bornant à parler de «l'État croate» et jamais de la «République Croate».

Il n'y a pourtant que la république qui puisse servir de base à un État Yougoslave viable, à une Fédération balkanique ou balkano-danubienne. La monarchie, les Karageorgévitch sont synonymes de guerre: guerre aux Croates, aux Macédoniens, aux Albanais, et même aux Monténégrins.

Le problème serbo-croate ne peut être résolu sans qu'une solution soit apportée aux problèmes serbo-macédonien, serbo-bulgare, serbo-albanais, serbo-monténégrin. Le régime grand-serbe doit être liquidé dans tous ces secteurs et remplacé par un régime de collaboratioa égalitaire entre ces peuples. Autrement, les Croates ne peuvent pas volontairement rester dans un État commun avec les Serbes sans cette liquidation du régime pan-serbe existant encore: les Croates continueraient, malgré eux, à être les auxiliaires de l'Impérialisme serbe contre ces peuples. Il ne saurait être question, d'une action commune négative et antiserbe comme celle de Pavelic avec les Macédoniens; il s'agit, en revanche, d'une action commune de tous les peuples yougoslaves, avec la possibilité d'une pleine participation des Serbes sur la base d'égalité, en vue d'une solution générale et constructive du problème yougoslave et balkanique. La promesse du communisme d'apporter précisément une solution générale à ce problème sur la base de la «fraternité et de l'égalité» de tous les peuples yougoslaves et balkaniques a été pour Tito une des principales causes de victoire.

L'émigration serbe est également divisée en deux camps: celui des «durs», qui veulent une fois pour toutes régler «leur compte aux Croates et aux musulmans», et celui plus «manœuvriers», qui considèrent nécessaire de réclamer plus ou moins l'ancienne Yougoslavie dans la conviction qu'il leur sera possible de dominer les Croates une fois de plus.

A Londres, les monarchistes serbes seuls ont fondé un «Comité National Yougoslave», s'arrogeant indûment le droit exclusif de représenter tous les peuples yougoslaves et dévoilant ainsi leur impérialisme panserbe qu'ils présentent au monde sous la bannière du «yougo-slavisme».

En résumé, on peut affirmer que les Serbes et les Croates ont, jusqu'à présent, fait preuve de la même incapacité pour résoudre le problème de leur État commun, leur problème stratégique, si on peut s'exprimer ainsi. Cependant, dans les questions d'ordre tactique, les Serbes, forts d'une expérience de l'État serbe indépendant de cent cinquante ans, se montrent plus habiles et obtiennent plus de succès, quoique provisoires et temporaires.

Il est extrêmement grave que le Parti Paysan Serbe, sous la direction de Gavrilovic et Tupanjanin, et le Parti Paysan Croate, dirigé par Macek et Krnjevic, les deux principaux partis modérés, ne réussissent pas à s'entendre sur la solution du problème serbo-croate. Là réside leur véritable faillite politique, car, dans ces conditions, dans les deux camps de l'émigration, le dernier mot reste aux promoteurs de la solution de force, aux disciples de Mihaïlovic et de Pavelic. Il est à espérer qu'ils ne l'aient jamais plus dans leurs pays.

VIII

TITO – SERA-T-IL
UN FAMEUX «CONDOTTIERE»

OU LE PREMIER
GRAND HOMME D'ÉTAT YOUGOSLAVE?

*LE CONFLIT AVEC MOSCOU OUVRE LA BRÈCHE
ENTRE LE GROUPE OCCIDENTAL ET
ORIENTAL DU PARTI DE TITO*

La menace d'une scission dans le Parti Communiste Yougoslave est plus dangereuse pour Tito que les conspirations pouvant être organisées par les forces de l'ancien régime, soit dans le pays, soit à l'étranger.

On peut considérer comme un des plus périlleux symptômes de scission lente, mais profonde, le «déviationnisme» qui s'affermit dans le domaine national, c'est-à-dire sur le même plan où se sont produits les conflits de Belgrade avec Moscou, et de Belgrade avec Sofia. La scission suit en effet la ligne de division nationale.

L'expérience a démontré que le communisme mondial a subi ses premières défaites sur le terrain national avant d'être battu sur le terrain social. Nous avons assisté à ce phénomène avec le communisme yougoslave ainsi qu'avec le communisme russe.

Dans nos précédents chapitres, nous avons vu que Moscou, avec son slogan «Défense de la Yougoslavie», jeta à partir de 1936 les bases d'une politique panserbe, renforcée à partir de 1941 par la défense du *statu quo*. La nouvelle Yougoslavie n'est donc qu'une nouvelle édition de l'ancienne Yougoslavie grand-serbe.

Tout marchait bien tant que Moscou épaulait Belgrade. Tout changea quand Moscou formula son ultimatum.

Pratiquement, le Kremlin demandait deux choses: 1° ce qui est essentiel: la limitation de la souveraineté et de l'indépendance yougoslaves en faveur de la Russie; 2° un changement partiel du statu quo panserbe en faveur des Bulgares et des Macédoniens. Moscou, qui n'a jamais voulu qu'un de ses vassaux soit beaucoup plus fort que ses autres vassaux, favorisait maintenant le vassal bulgare, qui lui était plus voisin, au détriment du vassal serbe plus éloigné, laissant à la merci de ce dernier les Croates, qui se trouvent encore plus à l'occident, et qui, par surcroît, sont des catholiques.

Belgrade refusa la première et la deuxième demande, préférant rester la petite U. R. S. S. panserbe des Balkans, qu'elle était devenue précisément grâce à l'appui de Moscou. Mais il est difficile de sauver ce qu'on a reçu des mains d'autrui.

Le conflit avec Moscou a immédiatement et considérablement changé le rapport des forces à l'intérieur du pays: jusque-là, les Croates et les catholiques en général se sentaient terrorisés par la masse humaine qui s'étend de Zagreb à Vladivostok. Ne voyant plus alors devant eux que Belgrade, ils relevèrent subitement la tête, en songeant à nouveau à l'égalité et à la liberté. La même réaction se produisit chez les musulmans de Bosnie. D'autre part, la séparation d'avec la Russie orthodoxe a immédiatement porté le trouble et le découragement dans l'âme du peuple serbe.

L'agressivité croissante de Moscou a obligé Tito à se rapprocher davantage de l'Occident. Mais ce rapprochement a, par la suite, aggravé la crise de l'hégémonie serbe et le malaise dans le Parti Communiste. Les Serbes se sentent de plus en plus isolés, et les Croates encouragés par les contacts rétablis avec l'Occident. Peu après s'est accrue l'influence des États-Unis, qui ont certainement posé, même dans la forme la plus modérée, la question de Stepinac, c'est-à-dire d'une scandaleuse condamnation, typiquement anti-occidentale.

Il appert une fois de plus qu'il est impossible de sauver l'hégémonie serbe en Yougoslavie, cause principale de la révolte contre Moscou. A la pression bulgare-macédonienne à l'est, s'est ajoutée la pression catholique croate venant de l'ouest. Ne pouvant résister à la fois à ces deux forces, les Serbes se trouvent devant de dilemme: «A qui faire des concessions?» La crise de l'hégémonie serbe est au centre du problème yougoslave, avec Tito aujourd'hui, sous la menace de Moscou, comme hier avec Stoyadinovic et Cvetkovic, sous la menace d'Hitler.

Il y a depuis le 27 juin 1948 assez d'indices montrant que l'élément serbe, placé devant ce dilemme capital, incline avec hésitation à faire des concessions à l'Orient, tandis que Tito, avec une partie des Monténégrins, et avec les communistes Slovènes, musulmans et croates, s'avance lentement et systématiquement vers l'Occident.

La scission du pays à la base s'est produite dans le même sens dans les milieux dirigeants du Parti et du Gouvernement. C'est là le point crucial de la crise yougoslave.

Dans leur subconscient, les uns préfèrent les concessions à la Russie communiste, slave et orthodoxe, plutôt qu'à l'Occident capitaliste, anglo-saxon et catholique. Les autres préfèrent les concessions à l'Occident démocratique, qui respecte la souveraineté nationale et, en cas de conflit, cherche le compromis, au contraire de l'Orient despotique, exigeant, au nom de l'internationalisme, la soumission absolue.

Jusqu'à présent, ce processus se présente sous divers aspects, dans les différentes parties de la Yougoslavie.

La scission la plus nette est apparue en Croatie, où la domination serbe est plus artificielle et, par conséquent, plus menacée depuis le conflit avec Moscou. C'est dans cette région que trois ministres serbes (le quatrième s'est suicidé) ont ouvertement déclenché en 1950 l'opposition kominformiste, au nom du serbisme et de l'orthodoxie. «Les Serbes ne jouissent plus en Croatie de l'autorité et de la considération d'autrefois. On construit moins d'églises orthodoxes. Staline a dit que les Serbes doivent être «la nation-guide des Balkans».» Ces précisions ahurissantes ont paru non dans l'organe central du Parti Communiste *Borba*, mais dans son organe local de Zagreb, *Vjesnik*.

Les tribulations de la Bosnie sont différentes. Le conflit avec Moscou a provoqué la consternation chez les Serbes, aussi bien communistes que non communistes, et suscité par contre des espérances et des ambitions chez les musulmans et les catholiques. Des deux principaux dirigeants serbes de Bosnie, l'un, Colakovic, était titiste dès le début, et l'autre, Pucar, inclinait vers le Kominform. Ce dernier, dans son discours au Ve Congrès du Parti Communiste, ne se prononça pas pour le Kominform, mais ne se déclara pas solidaire de Tito. Cette division parmi les Serbes eut comme conséquence de placer le musulman Avdo Humo, seul non-orthodoxe, dans la direction effective du Parti, presque au faîte du pouvoir. En sa nouvelle qualité de vice-président, il eut en effet à remplir pendant un certain temps les fonctions de Chef du Gouvernement de Bosnie, en l'absence de son Président Colakovic, qui était parti pour Belgrade pour entrer dans le Gouvernement central.

Se trouvant devant cette «menace» musulmane, les communistes serbes se ressaisirent. Une sorte de pacte de «non-agression» fut convenu entre les Serbes titistes et kominforrnistes en vue de conserver le monopole politique serbe en Bosnie. L'ambitieux musulman perdit non seulement sa position dominante dans le gouvernement, mais aussi son ancien poste de secrétaire d'organisation du Parti pour la Bosnie. Pucar, secrétaire politique du Parti, devint président du Gouvernement de la Bosnie-Herzégovine, Cvijetin Mijatovic, secrétaire d'organisation du Parti, et Ugljesa Danilovic resta chef de l'O. Z. N. A. (police secrète). A Sarajevo, capitale de la Bosnie, le Président du Comité Populaire de cette ville, c'est-à-dire son maire, et le secrétaire local d'organisation du Parti Communiste sont tous deux des orthodoxes. Pourtant, d'après le recensement de 1931, il n'y a à Sarajevo que 18 000 orthodoxes, à côté de 29 000 musulmans et de 21 000 catholiques. C'est ainsi qu'en Bosnie a été instaurée la complète domination serbe-orthodoxe, aussi bien dans le Parti que dans le Gouvernement. En Croatie, cependant, à la place de trois ministres serbes kominformistes, on nomma trois Serbes titistes.

Ce bloc de communistes serbes, kominformistes et titistes en Bosnie, représente en réalité la première grande conspiration en Yougoslavie. En cas de conflit avec la Russie, il faut s'attendre à ce que les Serbes de Bosnie passent du côté russe. Sarajevo peut devenir, pour Tito, encore plus fatal que Belgrade, où la question macédonienne sert toujours de contrepoids en sa faveur. La prudence et la réserve observées par les communistes de Serbie expliquent leur peu d'activité aussi bien dans le camp titiste que dans le camp kominformiste. Mosa Pijadé, le titiste le plus actif de cette région, n'est pas un Serbe orthodoxe, mais un Serbe d'origine Israélite.

La situation, chez les Monténégrins, est tout autre. Ils se sont divisés en deux camps opposés: celui des plus fanatiques kominformistes et celui des plus acharnés antimoscoutaires. Le camp kominformiste yougoslave est nettement orthodoxe. Dans le camp kominformiste, cependant, ce ne sont pas les Serbes de Serbie les plus combatifs, mais les Monténégrins, qui donnent le «ton».

Le caractère nettement serbe, monténégrin et orthodoxe de la tendance kominformiste, fut, pour moi, le premier signal que la question nationale, le conflit serbo-croate en particulier, n'était pas résolue, puisque la scission entre kominformistes et titistes se faisait sur la base d'ordre national, religieux et non idéologique. Certaines apparences du premier moment dans un sens contraire m'avaient induit à émettre à ce sujet une opinion trop optimiste dans la Tribune travailliste de Londres (13 août 1948). Jusqu'à cette époque, je supposais que le Parti Communiste Yougoslave, malgré quelques exagérations grand-serbes tactiques et temporaires, était en train de vaincre les luttes nationales serbo-croates et serbo-bulgares. Les événements qui se sont déroulés depuis 1948 et les révélations sur les anciennes polémiques entre Belgrade, Moscou et Sofia ont définitivement prouvé que ce malaise interne, provoqué par les controverses nationales, au sein du Parti Communiste et en dehors du Parti, étaient beaucoup plus profond qu'on aurait pu l'imaginer.

La Macédoine, à son tour, est un cas spécial. Pour ne pas perdre les rênes de l'administration locale, qu'ils obtinrent à l'époque du condominium serbo-macédonien sur cette région, les Macédoniens se déclarèrent pour Tito. Mais, étant donné que la politique de Tito en Macédoine devient de plus en plus serbisante, leur aversion envers cette politique est inévitable. Et voici la deuxième grande conspiration en Yougoslavie: les Macédoniens, officiellement titistes, sont secrètement kominformistes[5].

En renforçant, pour faire face à cette menace, l'emprise serbe sur la Macédoine, par l'envoi des administrateurs civils serbes, Belgrade ne fait qu'aggraver le malaise, même s'il est plus caché qu'auparavant.

Cet aspect de la situation respective des différents éléments ethniques yougoslaves peut paraître à l'Européen d'Occident comme quelque chose de tout à fait inattendu, car on a contracté l'habitude de juger les Yougoslaves d'une façon passablement superficielle, d'après leur comportement dans les deux guerres mondiales, en oubliant de prendre en considération le fait que les Serbes ont été alliés

Les Croates qui, au contraire, penchèrent dans les deux guerres en bonne partie, sinon en majorité, vers l'Europe centrale (Autriche et Allemagne) et qui, en tout cas, n'ont jamais été dans leur totalité du côté de la Russie, sont

---

5 Dans la violente opposition des paysans macédoniens à la politique économique de Tito (les «coopératives agricoles») signalée récemment parla presse yougoslave et étrangère, il faut sans doute voir aussil'expression légale d'une opposition nationale à la serbisation, cette dernière ne pouvant pas s'exprimer d'une manière directe et légale. Le même cas, d'ailleurs, a eu lieu en 1949-1950 en Croatie. (N. de l'A.) de l'Europe occidentale et de l'Amérique, non pas directement, mais en tant qu'alliés de la Russie. A quel point l'hésitation chez les Serbes est grande, on le voit par le fait que l'Église orthodoxe serbe demeure neutre dans le conflit de Tito et de Moscou; elle, qui soutenait si activement les années précédentes la collaboration de Belgrade avec Moscou, se tait aujourd'hui!

encore moins du côté russe, aujourd'hui que l' U. R. S. S. s'oppose à l'Occident tout entier.

Comme dans les nouveaux problèmes de la politique mondiale, ainsi faut-il dans les questions locales serbo-croates et balkaniques remplacer les clichés du passé par des connaissances réelles et des analyses concrètes.

On se demandera ce que sera le sort de Tito devant ces antagonismes et ces symptômes de scission interne; sera-ce le sort d'un grand «condottiere», tombé victime des forces politiques qu'il n'aura pas su dominer, ou celui du premier grand homme d'État yougoslave ayant su harmoniser les forces nationales antagonistes des peuples yougoslaves?

Nous avons vu qu'il existe chez les peuples yougo-slaves une base psychologique favorable aux accords, à la sincère collaboration mutuelle; nous avons constaté, d'autre part, que ni l'émigration serbe, ni l'émigration croate ne possèdent de programme ou de formules poli-tiques précises tendant à résoudre les antagonismes natio-naux et religieux. Nous devons, dans ces conditions, revenir à Tito. D'un côté, l'initiative moscovite d'appuyer les exigences nationales bulgares, macédoniennes et alba-naises et, d'un autre côté, les suggestions américaines en faveur de la libération de Stepinac placent Tito dans l'alter-native d'agir soit dans un sens, soit dans l'autre.

Comme nous l'avons vu, Tito s'était, dès le début, séparé du peuple croate et même des communistes croates, ayant accepté la formule moscovite et panserbe sur la «Défense de l' ancienne Yougoslavie». D'accord avec les communistes serbes, il avait insisté auprès de Moscou pour la soumis-sion de la Macédoine à Belgrade. Sur l'initiative et les direc-tives de Staline, Tito assuma le pouvoir suprême en unissant sa carrière personnelle à la défense et à la restauration de l'Empire grand-serbe en Yougoslavie. Après le conflit de Moscou, la situation changea complètement. La future carrière de Tito dépend de son habileté à mettre un terme à l'insoutenable hégémonie serbe et à créer une Yougoslavie réellement fédérative des peuples égaux.

C'est sur ces bases qu'il pourrait entreprendre une offensive politique contre le Kominform dans les Balkans, susceptible de conférer à cette Yougoslavie le rôle d'un centre d'action et d'attraction antikominformiste, rayonnant sur tout l'Orient européen.

En dépit de ces grandes possibilités, Tito s'est montré jusqu'à présent inférieur à sa mission et n'a fait, en réalité, sur le terrain yougoslave et balkanique, qu'une politique négative de défense de l'impérialisme serbe, qui lui a en même temps aliéné l'élément serbe. Ce contraste entre sa politique intérieure et la ligne nettement occidentale de sa politique extérieure, cette inefficacité de l'ensemble de la politique de Tito dérivent soit de la formation personnelle du maréchal yougoslave, soit de la mentalité de l'actuel groupe dirigeant de ce pays.

Comme chef militaire, Tito ressemble, dans une certaine mesure, au fondateur de la Serbie moderne, a Georges Le Noir, c'est-à-dire à Karageorge. Tous deux, avant de prendre la tête de leurs mouvements révolutionnaires, reçurent dans leur jeunesse une formation militaire autrichienne, ayant été, l'un et l'autre, sous-officiers volontaires dans cette armée.

S'étant enfui de la Serbie turque qui, à cette époque, s'appelait le pachalik de Belgrade, le jeune Georges Petrovitch entra dans l'armée autrichienne, où il se prépara à sa future fonction de «Vozd» (chef) du peuple serbe insurgé.

Quant à Tito, les biographies officielles et officieuses se gardent bien de donner des précisions sur sa carrière militaire avant le mois d'août 1914: on n'y trouve ni le nom ni le siège de son régiment, ni de son école de sous-officier, ni la durée de sa présence dans l'armée autrichienne. Nous savons cependant qu'il a dû entrer comme volontaire deux ou trois ans avant la date légale de son service militaire, qui se situait à la veille de la guerre de 1914. Ainsi il put seulement finir l'école des sous-officiers et avoir le temps nécessaire pour acquérir la formation militaire austro-allemande qui le caractérise et qui fut à la base de sa brillante carrière (il a été officier de l'Armée Rouge de 1920 à 1925 avant de devenir maréchal yougoslave). Ce n'est pas par un simple hasard que le dicton populaire l'a baptisé «notre Gœring». Tito a reçu une formation autrichienne en tant que sujet autrichien, croate, catholique et ouvrier, plus profonde que Karageorge, quoiqu'il ne faille pas oublier que le premier acte diplomatique de Karageorge fut d'offrir le protectorat sur la Serbie naissante à l'Empereur d'Autriche. Ni cet acte de Karageorge en faveur de l'Autriche, ni l'engagement volontaire et anticipé de Tito dans l'armée autrichienne ne sont mentionnés par les historiens officiels.

En outre, la Yougoslavie est un État multinational, ce qui la différencie de la Serbie de Karageorge de 1804. Et c'est là que commencent les complications pour Tito, et pas pour lui seul... Sans se référer cependant à leur carrière militaire en Autriche, on ne peut comprendre Karageorge, et moins encore Tito, surtout après son conflit avec Moscou.

Tito quitta son village natal, Kumrovec, en Croatie, à l'âge de quatorze ans, pour se rendre «en Autriche». En fait, il se rendit d'abord à Prague et, ensuite, en Autriche, où il apprit et exerça le métier d'ouvrier mécanicien. L'allemand littéraire était la première langue qu'il apprit sérieusement, et c'est la seule langue qu'il parle encore correctement, avec un accent viennois. Le dialecte natal de Tito est assez différent de la langue littéraire croate. Son croate est bourré de russismes et d'accents tchèques et allemands, d'où le bruit que Tito ne serait pas un Croate, mais un Russe ou un Allemand russifié de la Baltique, etc.

Comme ouvrier et comme soldat, Josip Broz vécut pendant neuf ans dans une ambiance austro-allemande. Le jeune paysan y grandit et devint un Autrichien d'origine croate; il acquit une formation impériale prénationale et anationale, comme ce fut le cas de nombreux Croates au cours du XIXe siècle et jusqu'en 1914. Le croatisme de Tito qui resta chez lui toujours vivace n'était et n'est pourtant qu'un sentiment provincial, territorial et non un sentiment national moderne. Le héros national croate de 1848, le fameux général Josip Jelacic, était l'expression classique de ce type humain: sentimentalement croate, politiquement autrichien. Tito est le Jelacic numéro deux, un soldat imbu d'un vivace sentiment provincial croate, au service d'une idéologie impériale étrangère. Peu lui importe si ces idéologies sont tour à tour autrichienne, russe et serbe: en cela réside la différence entre Tito et Jelacic; l'évolution vers l'idée impériale grand-serbe fut un phénomène tout personnel de Tito, le détachant du peuple croate. Comme l'a constaté (sans le pouvoir expliquer) pendant son voyage en Yougoslavie le correspondant de News Chronicle, Alexandre Werth: les Croates considèrent Tito comme un étranger. La formation principale de Tito est autrichienne et c'est là que se trouve la clé de «l'énigme Tito»: de ses caractéristiques entièrement occidentales, de son extraordinaire résistance à Moscou et aussi de son incapacité de s'orienter et de vaincre les antagonismes nationaux des peuples yougoslaves.

Cette formation impériale prénationale s'est fondue chez Tito avec un certain internationalisme socialiste et ouvrier, qui n'était pourtant pas un «postnationalisme», mais un «prénationalisme» impérial. Phénomène assez fréquent dans l'ancienne Autriche-Hongrie.

L'adhésion au bolchevisme remonte à peine à 1920, quoiqu'il se trouvât en Russie depuis 1915. Son séjour de dix ans (1915-1925) en Russie renforça, chez lui, la conception de l'internationalisme comme idéologie impériale. Le fait qu'il a fallu au jeune ouvrier Josip Broz trois ans pour observer la Révolution russe et aussi la disparition de l'Empire des Habsbourg en 1918, avant d'entrer, en 1920, dans le Parti Communiste, éclaire suffisamment la véritable personnalité de notre héros, personnalité d'un sergent autrichien plutôt que d'un prolétaire. C'est en cela qu'il faut chercher les racines du «bonapartisme de Tito».

Tito retourna en 1925 en Croatie, après dix-neuf ans d'absence de son pays natal. Au cours du procès intenté contre lui à Zagreb, en novembre 1928, il prononça un vibrant discours en faveur du communisme et de la Révolution mondiale sans toucher un mot de l'assassinat de Stephan Radic, grand leader de l'idée nationale croate qui, quelques mois auparavant, était tombé, en pleine séance de la Skoupchtina de Belgrade, sous les balles du nationaliste serbe Punisa Racic.

La politique de Staline (à partir de 1936) consistait dans la défense du petit Empire panserbe; la Yougoslavie trouva en Tito un excellent instrument d'exécution qui ne se laissa pas influencer par les nationalismes particuliers, croate ou serbe (ce dernier hésitant pendant la période du pacte Hitler-Staline). Son croatisme se manifesta toutefois indirectement, durant la guerre, quand il accepta de suivre la ligne nationale panserbe au nom du communisme et non au nom du roi Pierre et de Draza Mihaïlovic, comme le voulait Staline dans sa manœuvre d'alors de la défense du *statu quo* intégral.

Tito a fait preuve, et le fait tous les jours, d'une capacité et d'une sensibilité politiques d'autant plus surprenantes que, jusqu'en 1917-1918, il était tout à fait apolitique, mais un ouvrier complètement «inconscient». Il est évident toutefois qu'il ne peut pas se dégager de son tempérament «prénational» pour prendre l'initiative d'une grande réforme dans les relations serbo-croates, serbo-macédoniennes qui s'imposent impérieusement comme une conséquence de son conflit avec Moscou.

Ce conflit a réveillé les subconscient occidental de Tito, qu'il suit en dépit des très graves hésitations des communistes serbes, dont le subconscient est oriental. C'est ici que s'est produit le sensible éloignement de Tito de son ancienne base politique serbe.

Étant donné que son occidentalisme provient de sa formation autrichienne et non de la formation nationale croate, Tito s'est trouvé désarmé et perplexe devant les conséquences et les complications nalionales internes provoquées par son conflit avec Moscou. Au lieu de créer chez tous les peuples yougoslaves et balkaniques, avec une politique audacieuse de réconciliation serbo-croate, serbo-albanaise et serbo-macédonienne, une nouvelle et puissante base d'action, Tito continue à tituber, perdant les Serbes sans gagner à sa cause les Croates, les Macédoniens et les Albanais.

Quoique pour des raisons différentes, les autres communistes appartenant au groupe dirigeant de Tito ne montrent pas plus de compréhension pour le problème national. Les communistes serbes sont beaucoup plus préoccupés de trouver le moyen de sauver l'hégémonie serbe que de rechercher ce qu'il faudrait mettre à sa place. Les communistes Slovènes, Kardelj et Kidric, très influents chez Tito, sont, en dépit de leur occidentalisme et anti-moscovisme, aveuglés par la situation privilégiée que les Serbes se voient obligés de concéder au petit groupe Slovène pour le garder comme allié. A tel point qu'à l'instar de Korosec, dans l'ancienne Yougoslavie, ils oublient qu'un pays où les Serbes et les Croates se font la guerre, même froide, n'est que l'ombre d'un État. Même aujourd'hui, les Slovènes considèrent cette myopie provinciale de Kardelj-Korosec comme l'expression d'un réalisme supérieur. Ils deviennent en fait des artisans de la destruction de la Yougoslavie en liant les destinées slovènes au grand-ser-bisme. Or les Slovènes plus que tous les autres peuples yougoslaves ont besoin de l'État yougoslave viable, dont l'existence est d'une importance vitale pour eux.

Dans ces conditions, les Monténégrins, toujours très sus-ceptibles sur le chapitre des prétentions panserbes, seraient dans le groupe des dirigeants titistes les seuls à même de poser sur le tapis le problème urgent et vital de la réforme intérieure. Cependant, jusqu'à présent, rien n'indique qu'ils (Djilas) s'orientent dans cette direction.

D'une façon générale, on peut affirmer: si le groupe dirigeant titiste ne réussit pas à réaliser une politique de synthèse yougoslave en liquidant l'hérédité panserbe, il se fractionnera, comme conséquence du conflit avec Moscou, en éléments nationaux et, probablement, en deux groupes, occidental et oriental.

Le fait qu'il n'y ait pas à la tête de la nouvelle Yougosla-vie un groupe purement serbe, comme ce fut le cas dans l'ancienne Yougoslavie, représente certainement un affaiblissement de la position grand-serbe, un pas d'une importance historique vers la synthèse yougoslave. Et c'est là également une des principales raisons de la résistance résolue à Moscou.

Si à la tête de la nouvelle Yougoslavie s'était trouvé un communiste serbe, le conflit avec Moscou ne serait certainement pas allé si loin. Cependant, étant donné que la structure générale de l'État — l'appareil d'État, la masse décisive des cadres dirigeants ainsi que l'idéologie d'État dans son ensemble — est restée serbe et de tendance grand-serbe, la menace d'un nouveau «27 mars», d'un coup d'État serbo-orthodoxe-moscovite, grandit de jour en jour.

Jusqu'à présent, l'histoire fatale de la première Yougoslavie ne fait que se répéter: celle-ci a connu également trois ou quatre volte-face complètes en passant d'un bloc mondial à un autre, toujours dans le but de sauver l'hégémonie serbe, menacée par les conjonctures internationales successives jusqu'à l'effondrement final.

Dans l'histoire des peuples, on a vu des hommes presque sans instruction, mais pleins de bon sens et d'énergie, des aventuriers même, sans préjugés et sans scrupules, mais audacieux et ambitieux, réaliser, sous la pression des événements et des nécessités immédiates, de grandes œuvres politiques à la réalisation desquelles les hommes, qui paraissaient infiniment plus qualifiés qu'eux, n'avaient pas osé s'attaquer, prisonniers qu'ils étaient de conceptions et de préjugés surannés.

Ce serait, en effet, une énorme chance pour les Slaves des Balkans si ce brave sergent croate de François-Joseph, devenu au cours de la dernière guerre le grand «condottiere» serbo-yougoslave, réussissait maintenant à établir l'équilibre et l'harmonie entre les Serbes et les Croates et, ensuite, entre ces deux peuples d'une part et les Bulgares et les autres peuples balkaniques d'autre part, donnant ainsi la solution au problème contre lequel se brisèrent les efforts des professeurs, des avocats, des généraux, des évêques, des rois, de Belgrade et de Zagreb.

Alors le séjour en Russie — à l'école de la révolution russe et du bolchevisme — de ce bon ouvrier mécanicien, devenu, plus tard, l'efficace fonctionnaire syndical et enfin le grand organisateur du Parti unique et de son armée prétorienne, aurait porté ses résultats définitifs.

Naturellement, pour qu'une pareille réussite régionale soit consolidée de façon durable, il faut qu'elle s'intègre dans des créations constructives — sociales et démocratiques — plus larges, européennes et universelles, que notre époque exige impérieusement de tous les peuples d'Orient et d'Occident.

FIN

ANNEXE

LES RELIGIONS ENYOUGOSLAVIE

(D'après les recensements de 1921 et 1931.)

	1921		1931	
Les orthodoxes..	5 593 057	46,67 %	6 785 501	48,70 %
Les catholiques .	4 748 995	39,62 %	5 262 518	37,77 %
Les musulmans.	1 345 271	11,22 %	1 561 166	11,20 %
Les protestants..	229 517	1,92 %	236 981	1,70 %
Les Israélites......	64 746	0,54 %	68 405	0,49 %
Les autres..........	3 325	0,03 %	20 067	0,14 %
Total	11 984 911	100 %	13 934 638	100 %

LES NATIONALITÉS EN YOUGOSLAVIE

Groupées d'après les zones nationales réelles
sur la base des données officielles
(recensement du 15 mars 1948).

La République Populaire fédérative de la Yougoslavie
15 772 107 habitants.

PREMIÈRE ZONE, NORD-OUEST, SLOVÈNE
La République Populaire de la Slovénie.

Slovénie	*Total1*	*391 873*	*100%*
Slovènes		1 349 888	97,0 %
Croates		16 068	1,2 %
Serbes		7 048	0,5 %
Hongrois		10 579	0,8 %
Allemands		1 824	0,1 %
Autres		6 466	0,4 %

DEUXIÈME ZONE, OCCIDENTALE, CROATE
Les Républiques Populaires de la Croatie et de la Bosnie-Herzégovine.

a) *La zone occidentale (Croatie et Bosnie-Herzégovine)*

Croatie et Bosnie-Herzégovine	Total		6 322 090	100 %
Croates	3 589 535	56,7 %		
Musulmans pro-croates «sans nationalité			4 377 917	69,2 %
	788 382	12,5 %		
	4 377 917	69,2 %		
Serbes:			1 679 934	26,6 %
Slovènes			43 073	0,7 %
Italiens			77 056	1,2 %
Autres			144 110	2,3 %

b) *La Croatie.*

Croatie		3 756 807	100 %
Croates		2 975 399	79,2 %
Serbes		543 795	14,5 %
Slovènes		38 734	1,0 %
Hongrois		51 399	1,3 %
Allemands		10 144	0,3 %
Italiens		76 093	2,0 %
Tchèques		28 991	0,8 %
Slovaques		10 097	0,3 %
		22 155	0,6 %

c) *La Bosnie-Herzégovine.*

Bosnie-Herzégovine	Total.		2565283	100%
Serbesorthodoxes	1 064 131			
– musulmans	**72 008**		136 139	44,3%
	1 136 139	44,3 %		
Croatescatholiques	588 835			
– musulmans	25 301			
	614 136	23,9 %		
Musulmans «sans nationalité déclarée» c'est-à-direpro-croates	788 382	30,7 %	1 402 516	54,6%
Croates et Musulmans pro-croates	1 402 518	54,6 %		
Autres.			26 626	1,1%

ANNEXE

TROISIÈME ZONE, ORIENTALE, SERBE

La République Populaire de la Serbie avec la «Province
autonome de la Voïvodine» (ex-Hongrie du Sud), mais sans la
région autonome de Kossovo-Metohia»,
qui représente la zone nationale albanaise.

a)*La zone orientale (Serbie etVoïvodine).*

Serbie et Voïvodine	Total.	5 800 149	100 %
Serbes		4 651 839	80,2 %
Croates		164 564	2,8 %
Slovènes		20 709	0,4 %
Monténégrins		46 805	0,8 %
Macédoniens		17 390	0,3 %
Hongrois		433 701	7,5 %
Valaques		93 439	1,6 %
Slovaques		73 138	1,3 %
Roumains		63 129	1,1 %
Autres		235 435	4,0 %

b) *La Serbie proprementdite.*

Serbie	Total	4 136 934	100 %
Serbes		3 810 593	92,1 %
Croates		30 332	0,7 %
Monténégrins		16 216	0,4 %
Slovènes		13 486	0,3 %
Macédoniens		8 300	0,2 %
Valaques		93 439	2,3 %
Bulgares		55 822	1,4 %
Autres		108 746	2,6 %

c) *La Voïvodine.*

Voïvodine	Total.	1 663 215	100 %
Serbes		841 246	50,6 %
Croates		134 232	8,1 %
Monténégrins		30 589	1,8 %
Macédoniens		9 090	0,5 %
Slovènes		7 223	0,4 %
Hongrois		428 932	25,8 %
Slovaques		59 263	3,6 %
Roumains		59 263	3,6 %
Allemends		31 824	1,96 %
Autres		48 785	3,0 %

QUATRIÈME ZONE, SUD-OUEST, MONTÉNÉGRINE
La République Populaire de Monténégro.

Monténégro	Total.	377 189	100 %
Monténégrins		342 009	90,7 %
Serbes		6 707	1,8 %
Croates		6 808	1,8 %
Albanais		19 425	5,1 %
Autres		2 240	0,6 %

CINQUIÈME ZONE, SUD-CENTRE, ALBANAISE
Région autonome de Kossovo-Metohia.

Kossovo-Metohia	Total.	727 820	100 %
Albanais		498 245	68,5 %
Serbes		171 910	23,6 %
Monténégrins		28 050	3,9 %
Croates		5 290	0,7 %
Turcs		24 325	3.3 %

SIXIÈME ZONE, SUD-EST, MACÉDONIENNE
La République Populaire de la Macédoine.

LaMacédoine	Total.	1 152 986	100 %
Macédoniens (Slavo-Macédoniens).		788 889	68,4 %
Serbes		29 752	2,6 %
Monténégrins		2 329	0,2 %
Croates		2 704	0,3 %
Albanais		197 433	17,1 %
Turcs:		95 987	8,4 %
Valaques		9 508	0,8 %
Tziganes		19 500	1,7 %
Autres